请扫码听语音解读

U0478495

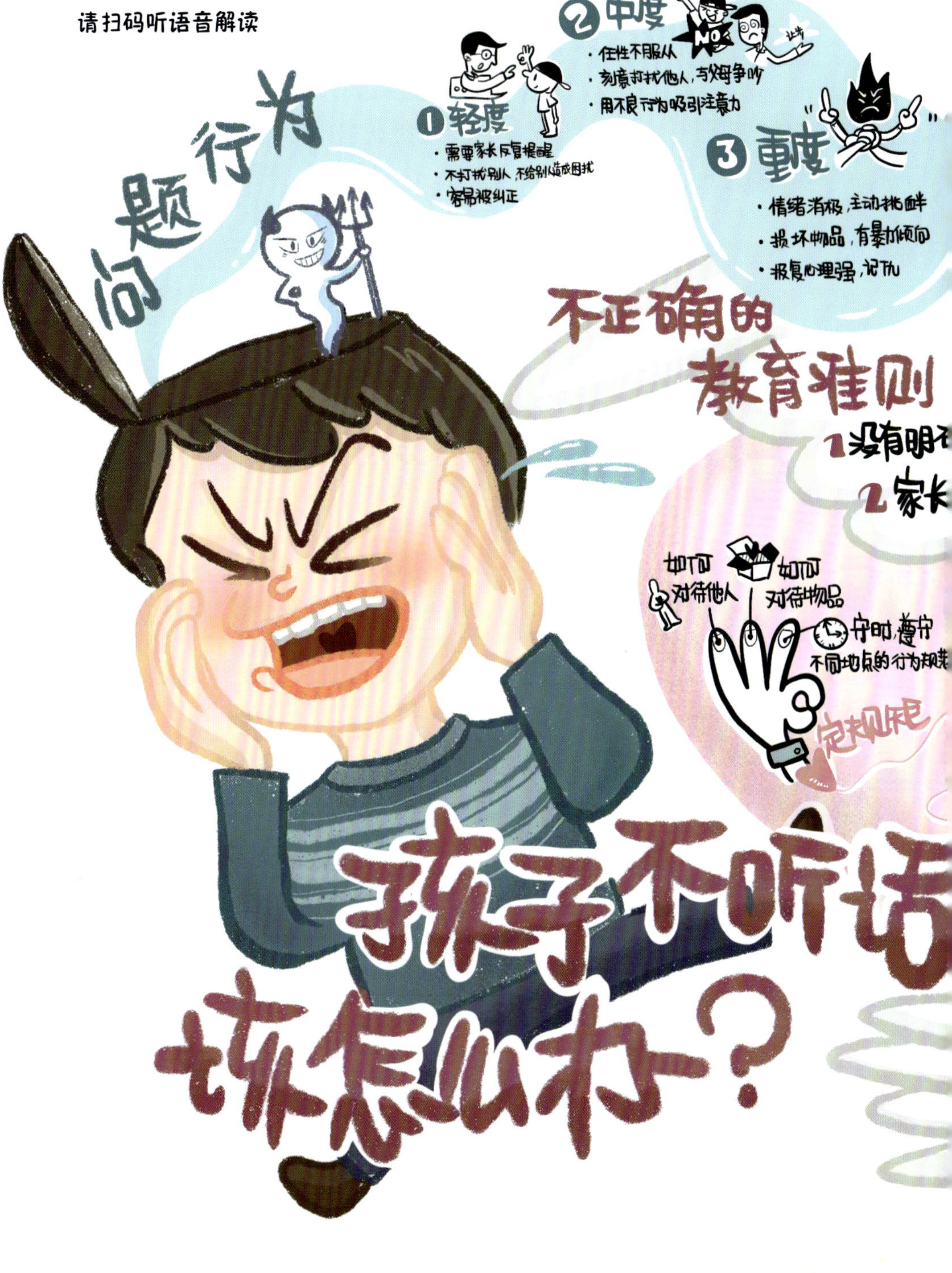

6 家长没有以身作则
7 家长之间缺乏一致性
8 过多关注不良行为
3 孩子的不良行为改变了家长的决定
YES
NO
4 孩子的不良行为不用承担后果
5 家长缺乏恒心
疲惫
没时间
具体的规矩
缺乏贯彻性
长期策略
基本措施
立态度
贯彻言行
以身作则
不贴标签
要有恒心
开发自控力
YES
增强挫折忍耐力
教会孩子延迟满足
×2
教会孩子社交技能和其他技能
树责任
I CAN
在家
在校
在户外
个人自主性
责任
有行动
YES
NO!
剥夺特权
提醒
暂停时间
责备
承担后果
过度纠正
更多策略方法，参见本书具体章节哟！

第八堂课

孩子不听话，该怎么办

[西] 赫苏斯·哈尔克·加西亚 ◎ 著　张曦 ◎ 译

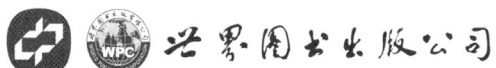

世界图书出版公司

上海·西安·北京·广州

图书在版编目（CIP）数据

解决孩子成长难题的八堂国际训练课．第八堂课：孩子不听话，该怎么办／（西）赫苏斯·哈尔克·加西亚著；张曦译．—上海：上海世界图书出版公司，2020.6
 ISBN 978-7-5192-7312-5

Ⅰ.①解… Ⅱ.①赫…②张… Ⅲ.①儿童教育-家庭教育 Ⅳ.① G782

中国版本图书馆 CIP 数据核字（2020）第 032695 号

Edition © 2018 Editorial Sol90, Barcelona
Chinese Edition © 2020 granted exclusively to Beijing Qianqiu Zhiye Publishing Co. Ltd. by Editorial Sol90, Barcelona, Spain.
www.sol90.com
All Rights Reserved.
Rights licensing arranged by Zonesbridge Agency
www.zonesbridge.com

书　　名	第八堂课·孩子不听话，该怎么办
	Di-ba Tang Ke · Haizi Bu Tinghua, Gai Zenmeban
著　　者	［西］赫苏斯·哈尔克·加西亚
译　　者	张　曦
责任编辑	吴柯茜
出版发行	上海世界图书出版公司
地　　址	上海市广中路 88 号 9-10 楼
邮　　编	200083
网　　址	http://www.wpcsh.com
经　　销	新华书店
印　　刷	天津丰富彩艺印刷有限公司
开　　本	787 mm × 1092 mm　1/16
印　　张	6
字　　数	83 千字
版　　次	2020 年 6 月第 1 版　2020 年 6 月第 1 次印刷
版权登记	图字 09-2019-1135 号
书　　号	ISBN 978-7-5192-7312-5 / G·606
定　　价	25.00 元

版权所有　翻印必究
如发现印装质量问题，请拨打售后服务电话
（010-82838515）

目录

第一章　简介
2 / 预先的思考
3 / 本书想要解答的问题

第二章　问题行为的定义
6 / 问题行为与不听话
8 / 孩子怎样做才算不听话？
10 / 轻度问题行为
13 / 中度问题行为
15 / 重度问题行为

第三章　成因与相关因素
18 / 有哪些成因和相关因素？
18 / 为什么孩子会不听话？
20 / 是什么导致了问题行为？
22 / 不正确的教育准则
25 / 孩子的个人特点
27 / 孩子的特殊问题
28 / 家庭氛围的特点

第四章　基本治疗措施

32 / 为什么要治疗孩子的问题行为？
33 / 关爱孩子
35 / 符合孩子年龄的规矩和责任
36 / 采取行动
41 / 四个基本态度
43 / 和谐的家庭氛围

第五章　应对具体情况的策略

46 / 应对不听话孩子的策略
48 / 应对孩子不良行为的策略
52 / 长期策略
57 / 如何应对更严重的问题行为？
58 / 其他的建议

第六章　家长提问

60 / 家长提问

第七章　问题集

78 / 对孩子问题行为的评估
82 / 对教育方法和家庭氛围的评估

第八章　实际案例

88 / 家庭行为计划

参考书目

92 / 参考书目

第一章

简 介

预先的思考

本书与《第二堂课·如何正确纠正孩子的不良行为》和《第六堂课·孩子嫉妒心强，该怎么办》等书同属本套丛书中与儿童常见的问题行为相关的主题模块。

孩子偶尔不听父母的话或者偶尔淘气均属于正常的现象。当这类行为变得频繁时，家长开始为此担心，一天快要过去的时候，他们时常会感觉这一天都是在不停地提醒孩子、徒劳地反复命令孩子和不停地责备孩子中度过的。

有时，这些孩子的家长往往会发现孩子其他的缺点，比如一到吃饭或者睡觉的时间就会发生冲突，跟兄弟姐妹争吵，对自己的义务缺乏责任心，经常闹脾气，等等。

然而，在本书中，我们将只关注常见的问题行为——孩子不听话，暂将其他问题搁置一边，如闹脾气、兄弟姐妹之间的嫉妒心和敌对情绪，这些话题将在本套丛书中的其他书中进行深入地讨论。

然而，我们应当注意到当我们系统地解决一个行为上的问题时，孩子的整体行为也会得到改善。这主要是因为其中涉及的原因有很多相同的变量，而当家长们解决这些问题的时候也会改进自身整体的教育方式，这一点有利于孩子整体行为的改善。

这对于大多数3至12岁孩子的家长来说是一个有趣的话题，他们想要知道当孩子不听话时该怎么做，以及当孩子的不良行为越发频繁时该如何处理。归根结底，这对于那些希望将自己的孩子尽可能教育好并让他表现得当的家长来说是一个关键的课题。

本书旨在帮助大家达到以下目标：

定义并说明我们理解的问题行为；

将这些问题行为划分为不同等级；

带领大家认识这些问题行为的成因以及相关的因素；

阐述为什么我们必须尽早治疗此类问题。

最后，本书竭力为大家提供解决上述问题的策略和建议，旨在减轻或根除这些问题行为。

本书想要解答的问题

我们希望家长们在读完本书后能够找到下列问题的答案。

我们说的问题行为到底指的是什么？

孩子不听话与问题行为有什么关系？

孩子行为上的所有问题都一样严重吗？

为什么孩子们不听话？

是什么导致孩子出现问题行为？

家长该怎么成功解决这些问题？

在孩子不听话或者出现问题行为时，家长应该做些什么？

什么时候需要咨询专家，需要咨询哪些专家？

为了回答这些问题，我们将本书分为5章：第一章简介。第二章中详细解释了什么是问题行为。第三章中我们具体说明了问题行为的成因和相关因素。第四章中我们介绍了一些治疗这些问题行为的基本措施，它们适用于所有程度的问题行为。第五章中我们会告诉您在具体的情况下该如何应对。

　　在实践练习章节，我们会通过实际案例来完善本书中提出的理论，并帮助各位家长更好地理解该怎样更有效地应对每一个具体的情形。

第 二 章

问题行为的定义

问题行为与不听话

我们来看下面的案例。

> 约瑟夫的妈妈每天下班回到家都筋疲力尽。5岁的约瑟夫没有给她喘息的机会。妈妈整天都要命令来命令去,各种责备和提醒约瑟夫,然而,最糟的是,这些都是徒劳的。
>
> "约瑟夫把卫生间的灯关上。""约瑟夫把你的玩具收好……过来吃饭……电视音量调小些……去刷牙……"
>
> 但是约瑟夫并没有去关灯,玩具也是妈妈最后自己收拾的,妈妈叫他睡觉前刷牙他也装作没听到。
>
> 最终只有妈妈向约瑟夫怒吼或者威胁他的时候,约瑟夫才会听话。

收拾好你的玩具!

下面我们来看皮拉尔的案例。

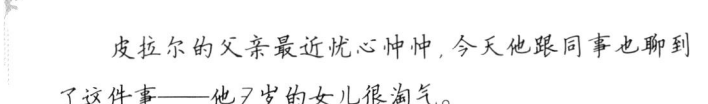

> 皮拉尔的父亲最近忧心忡忡，今天他跟同事也聊到了这件事——他7岁的女儿很淘气。
>
> 上周日他们一家跟另外一对夫妇去喝咖啡。对方家里有一个比皮拉尔小一些的男孩儿，但是比皮拉尔安静多了。他们的女儿一刻也不消停。她刚一到地方就开始去招惹别人，然后叫喊着要回家。接着她就开始展现出她的"陋习"：在咖啡厅里来回跑，给所有的顾客都造成了干扰。于是父亲责备了她，让她安静。
>
> 但是很快她又来烦他们，打断他们的交流并说她累了，叫他们回家。
>
> 最糟糕的是，当皮拉尔跟着那个小男孩去卫生间的时候，看到她许久没有出来，皮拉尔的母亲就去找她，发现他俩浑身缠满了卫生纸，开着水龙头在互相泼水。

当一个孩子频繁表现出不当的行为时,我们会认为这个孩子有行为上的问题。我们这里用"不听话"来突出其与人们所期望的不符,既不适合当时的场合,也不符合孩子本身的年龄特点。

不听话这一行为往往包括了一系列问题行为。皮拉尔的案例就很明显:她的行为包括打扰别人、招别人烦、乱跑、不正确地使用卫生间以及不听大人的话。

因为以下原因,我们必须特殊对待那些不听话的孩子。

有问题行为的孩子已经养成了这样的行为习惯。

大部分的家长都会抱怨他们的孩子不听话。很多时候,正如我们在约瑟夫的案例中看到的那样,"不听话"是唯一有外在表现的问题行为。

无论其程度如何,这是所有问题行为都会表现出的行为。

孩子怎样做才算不听话?

一个经常不负责任、不遵守相关规则的要求和命令的孩子,就是一个不听话的孩子。

不听话的孩子往往表现如下:

必须频繁地提醒他们,然而这些提醒对他们一点用都没有;

他们会频繁地拒绝父母的要求和命令;

他们拒绝做不想或者不喜欢的事情;

他们试图得到他们想要的;

面对父母提出的要求,他们会提出替代的意见;

有时他们会忽略父母的要求,就像什么都没听见一样;

他们不承担自己的责任和义务。

由于不听话这个行为涉及孩子不遵守规则、命令或者与基本规则相关的要求,以及不承担他这个年龄应该承担的责任这些方面,所以以下情况不能被认定为不听话。

家长要求孩子做的事情不符合他的年龄。比如让一个5岁的孩子粉刷一扇门。

肩负不属于他这个年龄的责任。比如让一个7岁的孩子像保姆那样去照顾他的小弟弟。

来自父母或兄弟姐妹的任性要求。比如玩某一个游戏、讲一个故事,或者被家人要求拿某个物品。

当孩子不理解命令的意思时,要么是因为家长给出的命令过多,孩子忘了;要么是因为孩子不明白命令的内容。

仅仅是因为孩子不知道他要做什么、该怎么去做。

孩子需要在两方面表现得听话:基本的规则和个人的责任。当然,这两方面都要与其年龄相符。

基本的规则通常指的都是以下几方面。

善待他人:父母、兄弟姐妹、其他家庭成员和朋友们。这包括与他们恰当地交流、和善地对待他们、不谩骂他们、不打扰他们、不伤害他们并尊重他们的物品。

珍惜并爱护家里的物品:小心对待家具和其他用品还有玩具和衣物,

尊重别人的物品，不浪费水电等。

遵守吃饭、游戏、洗澡、娱乐、学习、睡觉的时间。

遵守每一项活动规定的时长：睡觉、玩乐、洗澡、用餐或者学习。

回应父母的要求。

遵守与安全有关的规定：在某些地方要手拉着手走，不去危险的地方，过马路时要走斑马线，玩的时候注意安全……

家长也应该要求孩子遵守与其自身责任相关的要求或命令，比如：

着装和卫生；

注意自身健康和安全；

学业；

帮助父母做家务。

轻度问题行为

我们将问题行为定义为一种频繁出现的不当行为方式。

当然，问题行为的程度也并不相同。我们按照问题行为的严重程度，将其分为轻度问题行为、中度问题行为和重度问题行为。约瑟夫的案例呈现出的严重程度与皮拉尔的案例所呈现的是截然不同的。约瑟夫的母亲总是要跟在他的屁股后面催着他做事，相比之下皮拉尔的情况要严重得多。

将问题行为分级有助于家长评估自己的行为并引导其采取对应的措施。

我们首先来看轻度问题行为。以下指标可以帮助家长来判断孩子的问题是否属于这个级别。

他的不当行为并不打扰别人,也不会给别人造成困扰;不会让自己和其他人的安全处于危险中。他从不抱有敌意或者表现得很消极。

孩子的消极行为总是轻微程度的,这往往是因为孩子无知、注意力不集中、笨拙、模仿别人、好奇、渴望尝试或者缺乏解决问题的其他方式才会这样表现的。

当父母们开始提醒、责备、纠正孩子或者采取措施的时候,孩子的不当行为就会被纠正,孩子会意识到自己做了什么并表现出后悔,而且会立刻停止这样的行为。孩子不抗拒父母的做法。

当父母们坚决要求孩子做些什么时,他们通常会听话。然而,父母们不得不反复地提醒孩子,尽管提醒奏效,但家长们仍旧因此感到精疲力竭。

进一步讲,属于这个级别的儿童的常见行为主要有以下几点。

要想让孩子行动,父母必须反复提醒他们:"别做这个""快吃完早饭""安静点""别嚷嚷""快点穿好衣服,我们要迟到了""快吃完盘子里的菜"……

> 你不要这样,快把早饭吃了!安静点,不要叫喊!

有一些孩子需要父母反复去提醒他们，有时甚至还要采取行动。一位妈妈说道：

"我们跟他说了20次让他关上电脑来吃晚饭，但是直到我们亲自过去叫他，他才来。"

他们经常拒绝家长的要求，同时还提出替代的方案，但是如果父母很坚定，孩子会让步。

他们不经常淘气，就算偶尔为之，通常也是没有恶意和针对性的。

他们有可能会去招惹他们的兄弟姐妹或者其他小朋友，但这是因为他们缺乏谈判的技巧，比如他们想要一个玩具的时候，不是跟人家交换或者请求别的小朋友的许可，而是不计后果地直接从对方手里抢走玩具。

他们可能会偶尔闹脾气，但是极少这样做，或者每次闹得也不厉害，一般在父母的命令下很快便会妥协。

轻度问题行为造成的常见后果有以下几点。

父母们陷入绝望，并且最终筋疲力尽，感觉一整天都在对孩子下命令。

因为让孩子听话太费劲了，所以这些家长都选择亲力亲为，这就无形中加剧了孩子的"舒适"行为。

如果老师不盯着，孩子在学校就什么都不做。

这个级别的问题行为不会涉及与兄弟姐妹之间的关系问题。

中度问题行为

这个级别的问题就更严重一些了。这个级别的特点是：出现打扰别人的举动，比如去打扰家长、兄弟姐妹或者其他人。

我们现在讲的是那些不听话、总招人烦的孩子。但是，他们的行为并不具有挑衅、敌对或者消极的意味。皮拉尔的案例就是这个级别问题的典型。

伴有这个程度问题的孩子与其他孩子的冲突会更多一些。他们在学校的行为也会更引人注目，故而家长需要对他们更频繁地采取行动。

但是，这类问题并不涉及不遵守基本的社交规则，也不包括对家庭氛围的严重破坏，亦并未对孩子的学业造成很严重的影响。

中度问题行为比较明显的行为特点如下。

孩子更不听话了：他们一般都会用"不"直接拒绝父母的要求。他们更坚定地拒绝他们不想做的事，或者直接对父母的命令充耳不闻。

他们不服从的行为最终改变了父母的决定，无论是由于这样做很没意思还是由于他们的坚持。

他们非常任性，不听从父母的话，一旦父母不让他们做什么，他们就会大发脾气。

就像皮拉尔的情况那样，尽管后果并不是很严重，但是他们会更加淘气。

有时他们会刻意地去打扰别人：父母、兄弟姐妹、同学等等。

有时他们会与父母争吵，但是不会很激烈。

有时他们会把自己的不当行为归咎于他人，并向父母和老师撒谎。

有时他们会因为不听父母的话而发生小的意外，但是都不严重，比如跌倒、磕碰等等。

有时他们会骂人。

有时他们会用脏话或类似的表达。

他们会利用不当行为来吸引注意力或者达到自己的目的。

这些行为往往会带来以下后果。

不听话的这个特殊行为意味着孩子学会了一种不恰当的行为：学会逃避自己的责任，逃避那些他们不愿意做的事。

通过一次次不听话的行为，孩子学会了即便不遵守规则也不会有什么后果，而且父母的决定是可以改变的。

这个程度的问题行为已经可以对与兄弟姐妹、其他孩子的关系和家庭氛围造成一定的破坏了，虽然结果不是特别明显。

其他人会成为他们打扰的对象。对父母来说，这意味着经常吵架或生气，因此，心理压力更大。

随着争吵、愤怒和意外以及其他负面后果的增加，孩子也会产生不适感。

重度问题行为

这第三级别的问题行为我们称为重度问题行为,因为这已经严重影响了家庭、社会和学校生活。

在这个级别的孩子有明显的消极、敌对和挑衅行为,而且这些行为是逐渐养成的。换句话说,重度问题行为是在最近半年的时间内逐渐产生并加强的,并伴有以下越发频繁的行为。

孩子会时不时地发怒,然后闹脾气,这些行为的频率和强度更高。

和大人(家长或老师)的争吵会更加的频繁和令人不愉快。

他们会表现得特别消极,一而再,再而三地违反规定,并且频繁地制造问题。

他们不听话的行为,不仅仅是不守规矩或者不履行自己的责任。他们还会主动去挑战大人的权威,故意违反大人的命令。

他们会经常故意打扰兄弟姐妹和其他孩子,以及父母和其他家人。

他们会频繁地挑衅其他小朋友或成人。

孩子时常不服从父母对他们采取的惩罚措施。

他们经常在游戏或者其他群体活动当中作弊。

他们偶尔会损坏别人的物品,比如小朋友的玩具、学校或者家里的物品。

他们总是将自己的错误和不良行为归咎于其他人。

他们经常会被他人影响或干扰。

他们总是会感到怨恨和愤怒，报复心理很强，很记仇。

在学校中，他们可能会对其他同学表现出暴力倾向，向老师挑衅和撒谎……

当孩子有上述的问题行为，我们高度怀疑他患有对抗挑衅性障碍。因此，家长有必要请专家对他进行评估。

这个程度的问题行为往往造成的后果如下。

孩子的家庭和学校生活会受到严重影响。对于他跟其他小朋友的关系，以及孩子自身也会受到比较大的影响。

父母会首先成为这种挑衅行为的受害者，接着是孩子的兄弟姐妹。

当孩子在学校出现这种问题行为时，孩子的学习以及和其他同学、老师的关系会受到严重影响。

第三章

成因与相关因素

有哪些成因和相关因素？

在本节中我们将会讨论是什么原因导致了这些问题行为，以及那些有可能引发这些问题并使之加强的相关因素。

只有知道了这些问题行为的成因和相关因素，我们才能知道从哪里着手解决这些问题。

我们有必要区别"成因"和"相关因素"这两个概念。当我们提及成因时，指的是那些与该行为的产生有直接关系的情况。因此，成因看上去更像是可以立即引发问题行为的原因。

相关因素指的是那些不会直接导致该问题行为的产生，但是与它的产生有关的家庭的，或者是孩子个人的因素。

通常，伴随孩子的相关因素越少，产生问题行为的可能性就越低，反之亦然。

为什么孩子会不听话？

当我们对不听话的孩子的具体情况进行分析时，会发现以下原因。

（1）这样做他会觉得很舒服，不服从那些他不喜欢的或令他不舒服的命令会使他感到愉悦。不服从是一种逃避不快的方式。

（2）这样做很有效，孩子能够达到自己的目的：避免不愉快事情的发生。家长们经常徒劳地提醒孩子注意，但孩子根本听不进去，而且这样做对孩子来说并不会产生任何负面影响，而是有利可图的。然后孩子开始为所欲为，回避那些他不想做的事情，逃避他的责任。

（3）这也与家长命令孩子的方式有关。有时候家长在命令孩子的时候，本身也不相信孩子会听他的命令。就比如，家长提醒了孩子20遍叫他去做一件事，他却置若罔闻。最后还是家长自己亲力亲为。如果家长给出的要求或命令不够坚决，实际上它传递给孩子的信息是"如果你愿意的话，可以这样做"。

（4）家长和孩子都分辨不清，哪些是家长给孩子的命令，哪些是家长请求孩子帮的忙。有些学者分别称它们为"硬命令"和"软命令"。"硬命令"没有任何回旋的余地，与基本的规则和责任有关，接受它的人没有任何其他的选择。比如不可以玩厨房的刀。而"软命令"是一种请求或突发的想法，涉及其他选择的可能性。所以，传达"硬命令"和"软命令"的口吻语气也是不同的。

（5）孩子可能不知道自己该做什么，因为他不明白命令的内容。就

比如，家长对他说："我们要去外婆家，你要好好表现。"这个"好好表现"对于孩子来说可能过于抽象，所以如果家长不具体说明，孩子是很难理解的。比如告诉孩子"到外婆家要记得亲外婆，不要站到沙发上面，自己拿出玩具袋和彩色铅笔，有事的时候叫我"。

总 结

孩子不听话，是因为这让他们很舒服，或因为这对他们来说很有效，也可能是因为父母命令他们的方式存在问题或者他们根本不理解命令的内容。

是什么导致了问题行为？

除了上述情况，通常导致问题行为的原因如下。

（1）最常见的原因，尤其是导致中度问题行为的原因是：孩子将这种行为当作一种吸引他人注意力的方式。当孩子表现不好的时候，家长们会下意识地去关注他，这时候家长们会放下手头的事情，专注于孩子，哪怕只是在责备他。有时这的确是吸引家长注意力最有效的方式。从某种意义上来讲，此时家长的关注对孩子来说是一种"奖励"。

（2）在更严重的情况下，这种行为方式往往会更加有效。孩子可以通过这种方式从父母或者其他人那里获得想要的东西；可以为所欲为，让别人向他让步；让规矩不在；让大家对他的要求低一些；向他的任性妥协……通过这种方式他往往可以得到别人的关注和尊敬，并在同龄人当中成为领头人。

（3）孩子并不知道怎样表现得更好，他没有选择的余地。他不会在自己玩耍的时候不打扰别人或不破坏物品，不会通过商量的方式从别人那儿获得东西，而只会强取。

（4）孩子不懂得如何承受失败、感受挫折，并且以正当的方式来表达它。

（5）对于很多孩子来说，解决他们无法忍受的情况的唯一方式就是做出不好的行为。孩子无法忍受的情况包括大人之间好像永无尽头的下午茶，持续一整天的购物，一场没有中途休息的旅行或者没完没了的拜访。

在这些情况下，孩子们学会了通过故意捣乱的方式来获得大人们的关注。

总 结

问题行为产生的主要原因是孩子们想吸引他人的注意力。因为这种方式往往对于他们来说非常有效，也因为他们不知道如何更好地表现，还因为他们不懂得如何容忍挫折，或者他们习惯用捣乱的方式来终结一个他们难以忍受的情况。

不正确的教育准则

教育准则指的是那些父母有意或者无意地用来教育孩子的方式。

当教育准则出现问题的时候,往往会在整体上影响孩子的成长,同时也会引起孩子的问题行为。

1.没有明确具体的规矩

第一种不正确的教育准则是,在家中并没有明确具体的规矩。孩子不明确哪些是他应该做的,哪些是他不应该做的。孩子也不知道他真正的责任有哪些。

2.家长缺乏贯彻

第二种不正确的教育准则是家长未能贯彻自己的言行。他们说一件事,但后来又去做了另一件事;刚说过孩子不可以这样做,然后又让步了;头一天还不允许孩子做这件事,到了第二天又允许了;现在说不行,过了一会儿又说行。这些都搞得孩子晕头转向,不知道该怎么办。

3.孩子的不良行为改变了家长的决定

第三种错误的教育方式是孩子通过自己消极的行为或者不听话的方式成功地改变了家长的决定。从某种意义上来讲,孩子才是最终规则的制定者,而且最终的结果都是孩子想要的。

4.孩子的不良行为不用承担后果

第四种错误的教育方式是当孩子不守规矩、逃避责任,或者做出不当的行为时,并没有承担不好的后果。有时家长会威胁孩子,告诉他一些惩罚措施,但是从来都没有执行过。

5.家长缺乏恒心

有些家长在教育孩子、给孩子定规矩培养他责任感的时候缺乏恒心。他们这样做的原因往往是向疲惫妥协,或者是无法持续照顾孩子。

6.家长没有以身作则

家长永远是孩子的榜样和行为模范。虽然有些家长认为孩子们并没有在看他们,但事实并非如此。孩子们通过模仿来学习,而家长就是他们最主要的模仿对象。当家长以非常没有教养的方式争吵的时候,当家长在驾驶时暴怒的时候,当家长不善待他人的时候……家长就不是好榜样。在这种情况下,孩子们会学家长应对挫败和冲突的态度。

7. 家长之间缺乏一致性

孩子还是应从家长那里得到同样的信息。有时候家长会互相拆台，互相贬低，相互斥责对方的决定。

8. 过多关注孩子的不良行为

有时候孩子只是想通过不当的表现来获得父母的关注。因为孩子已经学会通过这种方式来吸引父母的注意力。一个小男孩说道："我妈妈只有在我朝她喊的时候才会注意到我。"

> 我的妈妈只有在我朝她喊叫的时候才会听我讲话。

总 结

孩子的问题行为往往与家长使用的不正确的教育准则有关。在家里面最常见的该类准则有:没有明确具体的规矩,家长缺乏贯彻,孩子的不良行为改变了家长的决定,孩子的不良行为不用承担后果,家长缺乏恒心,家长没有以身作则,家长之间缺乏一致性,过多关注孩子的不良行为。

孩子的个人特点

有一些孩子比其他同龄人更容易出现问题行为。这一点是经过有多个孩子的家长亲口证实的。他们家里面一个孩子的表现非常好,而另外一个却出现问题行为。

现在我们来纵览一下与其相关的一些特点:孩子的脾气秉性,一些与智力有关的特点,其他个人特点,以及这些孩子可能伴有的特殊困难。

1. 脾气秉性

脾气秉性应该是孩子性格方面最天生的一部分,更依赖于遗传基因。因此,它与孩子随着教育和经历后天慢慢养成的个性是截然不同的。

脾气越暴躁、越倔强、越冲动的孩子,往往越容易做出不良的行为。

2. 缺乏挫折忍耐力

当一个人的希望或者是期许没有实现的时候,他就会产生一种不适感，即挫折感。挫折忍耐力是指个人吸收或者控制这种感觉的能力，而不是让这个能力反过来掌控自己。

如果随随便便一个小的坎坷就会导致孩子生气、发怒、伤心，或者是放弃他所追求的事情，那么这个孩子的挫折忍耐力就非常低。这些孩子通常不能接受"不可以"这样的回答。他们也无法承受小的挫折，更不懂得输的意义……

缺乏挫折忍耐力是一个导致孩子出现问题行为的因素，因为这些孩子应对小挫折的方式往往会非常不妥。

3.延迟满足的能力

这是一种与前者息息相关的能力。延迟满足指的是孩子往往不一定会立刻得到他想要的东西，相反，通常需要一段时间的等待，并且在此期间必须付出努力，只有这样他才能够达到目的。

那些经不起等待、"现在立刻马上"就要的孩子，他们很难通过一段时间的努力来获得他们想要的东西。而这些孩子往往更容易出现问题行为。

4.孩子的人际交往能力

孩子的人际交往能力指的是孩子与同龄人有效交往的策略。一个缺乏人际交往能力的孩子往往会通过暴力的方式解决与他人的冲突。孩子的人际交往能力往往包括建立并维持沟通、表达自己的观点、捍卫自己的权利、与人商讨、主动倾听等能力。而伴有问题行为的孩子，往往缺少这部分的能力。

5. 计划和预见的能力

计划和预见的能力是与孩子智商水平相关的两个能力，它们也会影响孩子的行为方式。计划能力可以理解为孩子按照事先计划行动的一种能力。预见能力指的是孩子提前预见这个计划以及他的行为可能造成的后果的能力。

有问题行为的孩子往往在这两个能力方面也是欠缺的。他们会通过试错法冲动地处理问题，而不会考虑他们的行为会给自己和他人造成的后果。

6. 换位思考能力

换位思考能力指的是站在别人的角度去理解对方在某一些情况下的感受。一些伴有问题行为的孩子，尤其是年龄较大一些的孩子，非常欠缺这个能力。所以他们很难设身处地地理解他们的行为给别人带来的感受。

孩子的特殊问题

最后，我们也要提到一些特殊的问题，这些问题能够导致孩子出现不良行为，比如言语障碍、呼吸障碍以及其他的儿童疾病。

言语障碍:沟通的障碍,往往会使人产生挫折感,从而导致问题行为。我们所谈及的这些孩子,他们的语言发展严重迟滞并伴有听力障碍,或者是其他严重影响沟通的问题。比如吞咽困难,或者自闭症。

呼吸障碍:这指的是呼吸系统的问题,比如哮喘也可以导致孩子出现不良行为。而这些问题往往还会伴随睡眠障碍。很多专家都指出:虽然睡眠障碍对于成人来说会让他们在白天产生困意,但是对于孩子来说,这会让他们更加易怒并且焦虑。

其他的儿童疾病:还有一些其他的儿童疾病会导致问题行为。其中最明显的是:注意缺陷多动障碍、智力发育障碍以及其他常见的儿童发育疾病。

家庭氛围的特点

一系列与家庭氛围相关的因素也可能导致孩子出现问题行为。

1.孩子的日常生活缺乏规律性

日常规律性指的是同一个人在相同的时间以相同的方式做同一件事。这对于孩子的发展和平衡来说是一个积极的因素,并且从某些方面来讲是一个必需的因素。

生活规律的孩子会表现得很好,并且孩子们自己也需要这样。所以很多孩子喜欢听父母讲同样的睡前故事。成年人也同样,在变化的时候会感觉不适。频繁的变化会使孩子变得非常不稳定,让他们生活在更大的压力之下,从而使他们更容易出现问题行为。

2.父母的压力感

压力感是由于外界环境的要求已经超出我们的应对能力而产生的一种无力感。

在父母身上,它表现为他们做什么事都会非常着急,走到哪里都非常匆忙。即便如此,他们的行动往往还是会超出预定时间。

这种压力感会从整体上影响他们对孩子的教育，以及对孩子问题行为的治疗。其主要有以下两个原因。

一方面，承受着巨大压力的父母并不适合要求孩子遵守规则和履行责任。因为此时这些父母由于受到来自孩子的压力和抵抗的影响会比以往更加脆弱。

另一方面，压力会迫使父母变得更加敏感，他们的容忍度变得更低，他们的情绪变得更容易爆发。此外，压力也会降低他们情感表达、赞扬以及倾听的能力。

3.频繁更换看护人

有的孩子是由父母、爷爷奶奶、其他家人或者保姆交替照看的。在这种情况下，很难去维持一个统一的教育标准。

在这种情况下，每个人都会按照他们自己的方式去教育孩子。也有的时候，他们会让孩子尽可能地舒服，这样一来他们就能安静地做自己的事情了。

在这种情况下，孩子很快就会学会向他的看护人索要他想要的东西。

总 结

  本主题到此，刚刚我们一起回顾了导致孩子不听话和出现问题行为的原因。

  我们也逐一为大家阐述了问题行为的相关因素。它们有：不正确的教育准则，孩子的个人特点，孩子的特殊问题以及一些与家庭氛围相关的因素。

第四章

基本治疗措施

为什么要治疗孩子的问题行为?

有些家长并不重视系统地去治疗孩子的问题行为,尤其是轻度问题行为。或许是因为他们认为这种行为忍一忍就会过去的,也有可能他们以为随着时间的推移这种行为就会慢慢消失。

但是,对于孩子来说,及时处理这些问题意味着会有一系列的益处。它不仅有利于家长教育孩子,而且有很强的预防性,可以避免消极的后果。

教育性。治疗问题行为实际上就是一个教育孩子的过程。因为在这个过程当中,家长会教给孩子如何正确地表达自己的行为,如何正确地做人。这有助于孩子适应并且正确地融入生活当中的常见场景,比如学校、家庭,或者与其他孩子的相处。

具有预防性。治疗轻度和中度问题行为可以有效地预防重度问题行为的发生。严重的问题行为一定是从轻度的情况演变过来的。

避免消极后果。很明显,及时地治疗问题行为可以有效地避免我们前面提到过的那些不好的后果。这对于孩子自己和家长来说都是有益的。

包括不听话在内的一切问题行为都应该得到及时的治疗。如果一个孩子在3岁的时候不听家长的话而且还不用承担任何后果,那么家长就别指望自己什么也不做,随着时间的推移这个行为就会自动消失。正相反,如果这个行为得不到控制,会变得越发的严重。因为孩子一定会尝到这里面的甜头。

孩子年龄越小,问题的严重性就越轻,问题行为就越容易被纠正。因为孩子在很小的时候其行为更多地取决于家长的行为。这就决定了相比长大以后,此刻他们身上的问题更容易被纠正。

因此,在3岁之前,我们上述提到过的所有问题行为都应当被父母系统地干预和治疗。

关爱孩子

接下来,我们会给大家提供一系列的措施。家长们无论对于何种程度的问题行为都应该及时地采取这些措施。

它们是基础的教育措施,同时也是必需的。如果这些基础措施不被采取的话,其他的一些技巧也达不到应有的效果,那么,问题行为也不会得到改善。

第一项措施是用爱和关心来对待孩子。事实上,家长不仅仅要去爱孩子,而且要让他意识到他是被爱的。家长与孩子之间的关系对于任何年龄的孩子来说都是最关键的情感关系。

对孩子的关爱可以在下列情况当中得以表达。

家长要频繁地表示出对孩子的疼爱,可以通过拥抱、轻抚和亲吻等方式表达。当然要根据孩子的年龄和敏感程度适当地调节。

给予孩子关注并且重视他的事情。这主要包括当孩子跟家长讲述一件事情的时候,家长要认真地倾听他的想法,并重视他的事情。

> 罗伯特的父母不经常去参加学校的家长会,也很少跟老师聊起孩子的学习。所以罗伯特认为,他的父母不在乎他的学习。

家长应当在孩子表现好的时候多表扬他。相比于他表现不好的时候,家长应该更多地去关注他表现好的时候,这样就可以让孩子知道您希望他怎么做。同时,他也会明白通过不好的表现来吸引您的注意力没有用。

一定要给孩子传递安全感,尤其是在他小的时候。孩子需要知道爸爸和妈妈永远爱他。家长可以通过两种方式来传达这种感情:第一,从不用"不要他了"等话语来威胁孩子(有时候也可能威胁他说要把他送到寄宿学校);第二,当孩子发现爸爸妈妈彼此相爱时,就会感到安全。

在对待孩子的时候家长要注意细节,要足够的细致。您可以跟孩子说"这是爸爸特意为你准备的",以这种方式来跟孩子沟通。家庭生活当中应该充满惊喜,但这并不意味着总是物质上的满足。

最后,孩子也需要父母投入一些时间来陪伴他们。这和家长用闲暇时间来陪伴孩子有区别。

符合孩子年龄的规矩和责任

第二项家长用来解决孩子问题行为的措施是制定明确且具体的规矩，同时要求孩子承担符合他们年龄的责任。

明确且具体的规矩指的是孩子能够完全明白哪些是他该做的，哪些是他不该做的。这些规矩可以涉及以下几方面。

如何对待他人。即如何对待父母、兄弟姐妹、其他家人、老师、同学、其他的小朋友或者陌生人。

怎么对待物品。这包括如何对待家里的房子、家具、用具、兄弟姐妹的物品和玩具，学校的用品，街上的东西（比如废纸应该扔到垃圾桶里）。

守时。遵守作息时间并遵守每一个活动的时间。也就是说，对于睡觉、吃饭、玩耍、学习、洗澡这些活动，孩子都要遵守其对应的时间段，既有开始的时间，也有结束的时间。

遵守不同地点的行为规范。即在不同的地点应该做出不同的行为举止。所以，在家有家里的行为规范。在亲戚朋友家、在街道上，或者在不同的公共区域都要有其不同的行为规范。

孩子从小就要知道，他也要承担责任，这些责任与他的年龄有关。责任包括以下几个方面。

个人自主性。这包括所有与穿着、洗漱、维护自己的物品、饮食以及个人安全相关的方面。我们无法要求一个3岁的孩子打扫他自己的房间，但是可以让他在玩完玩具之后将它收拾起来。

在家中的责任。家长应当要求孩子在家中承担与其年龄相应的责任。比如帮助收拾桌子、照看宠物、节约用水用电、管理好自己的钱、独立学习……

在学校和户外的责任。从3岁开始，家长就可以要求孩子在学校好好学习、认真完成作业、爱护书本和他的物品并听从老师的教导。对于大一点的孩子，家长可以要求他们把控好作业的进度、安排好自己的学习、要与同学好好相处、遵守学校的纪律。同时，家长应该要求孩子承担他在公共场所的责任。比如从安全的地方穿过马路、爱护花园、不要乱扔纸屑、有序排队、正确地与人交往等等。

采取行动

当孩子没有遵守规矩和承担自己的责任时，家长要采取相应的行动。如果孩子不守规矩（也就是不听话或者行为不当）却不用承担任何后果，那么他很有可能会再次这样做。这样一来规矩和责任就成了摆设。孩子只会由着自己的性子,怎么舒服怎么来。

有些家长在这方面做得欠妥。他们制定了规矩,但是当孩子不遵守规矩的时候,他们却什么也不做。

在这种情况下,家长可采取以下措施。

1.提醒孩子规矩和责任

如果孩子不遵守规矩或者没有承担责任,家长首先应该提醒孩子遵守规矩,如果可以的话,提醒他在这次或者下次一定要注意。有些孩子不守规矩是因为没记住或者没有注意。然而,提醒孩子也是有次数限制的,超过3次就会失去效果。如果提醒超过3次还没有效果,那家长就要采取接下来的措施了。

2.责备

当孩子不守规矩的时候,家长应该用柔和的语气去提醒他,但是态度一定要坚决。家长要告诉他您希望他怎么做。同时,如果孩子表现得不错,您也要用语言来鼓励他。

3.承担后果

如果在提醒和责备过后,孩子仍然没有守规矩,那么他就要为他所做的事情承担与其年龄相符的后果。

> 诺埃利亚12岁了。父母给她买了一部手机。上个月他们收到了巨额账单。于是父母决定，每周都扣除她一半的零花钱，并没收她的手机，直到她把账单付清。

4.过度纠正

当家长想让孩子一遍一遍地练习他不想做的事情时，就可以使用这个技巧。这是一种纠正疗法，让他不停地重复做他当时不想做的事情。

> 罗德里戈8岁了还总把脏衣服随处乱扔，尽管妈妈总是提醒他应该把脏衣服扔到脏衣篮里。于是妈妈决定开始训练他，他需要收拾5次衣服。每次他都需要把衣服捡起来，然后再拿回自己房间放到脏衣篮里。刚开始的时候，罗德里戈非常抵触。所以前几次妈妈会拉着罗德里戈的手强行带着他去做。

5.剥夺特权

当父母多次提醒、警告之后孩子仍然没有遵守规矩或承担责任，那么孩子就会临时失去他的特权。这主要指的是临时没收孩子的一些物品，或者取消他的一些娱乐活动。比如，不让他看最喜欢的电视节目，没收他最爱的玩具、游戏手柄，或者取消他的活动。

剥夺特权的时间不应过长。对于3到8岁的孩子来说，一个下午的时间足够了。如果是9到12岁的孩子，可以是两天。

> 帕科8岁了。今天他打了弟弟好几次。所以下午跟爸爸妈妈出门的时候，他不可以骑他心爱的自行车。

家长不可以取消或者剥夺孩子的基本权利，比如吃饭或者拥有必需的学习用具。

布兰卡10岁了，因为她拒绝打扫自己的房间，所以爸爸妈妈决定"没收"她两个下午玩电脑的时间。但是，她仍然可以用电脑来完成学校布置的写作任务。

对于很活跃的孩子来说，不应阻止他们去公园玩耍，因为这对于他们来讲是基本需求。最合适的做法是取消他在这个活动中的某些特权。比如，他可以去公园，但是不能带他的球。

这条措施应当视孩子的行为程度而定。家长也不可以滥用措施，否则它将会失去效果。无论如何，这项措施是适用于某些特定行为的，我们不建议用它同时纠正两个以上的行为。

6. 暂停时间

当孩子表现出一个明显消极的行为，而且这个行为给在场的人造成了困扰，家长就需要把孩子暂时带离该场所。此时您就需要采取"暂停时间"这个措施。

这个措施是指将孩子带到一个无聊的地方。在那里他不会受到关注，也没有任何娱乐方式，但是家长要确保他在那里是安全的。在一些学校中，这种手段通常也被称为"无聊的角落"。这个地方绝对不可以是一个让孩子感到害怕的地方，所以不要将孩子关到小黑屋里。

您可以选择在厨房，让孩子坐在一把椅子上，因为那里面没有电视，没有书，没有任何孩子可以用来娱乐的物品。父母就算不在他跟前，也要控制住他，让他能听到父母的声音。

孩子在那个地方待的时间应该是有限的，通常是与他的年龄数差不多的几分钟。首先孩子要知道他在那待的时间是有限的。如果家长把这个时间无限延长，孩子就会适应该环境，从而导致这个措施失效。

有些孩子并不会老实地待在那里，此时家长需要强行让他回到座位上。然后作为惩罚，增加1分钟。如果他再次逃跑，再增加1分钟。这时家长必须在旁陪着孩子，等他安静下来，并度过这几分钟。

> 帕特里夏今年5岁。当母亲让她收拾好玩具准备去洗澡的时候，她不停地哭闹。当妈妈走近她的时候，她开始乱扔玩具。于是，妈妈把她带到了厨房，打开灯，然后让她坐到了一把椅子上，让她坐在那里好好地反思一下之前的所作所为。5分钟之后，妈妈走过来，直接带着她去洗澡了，并没有再提之前发生的事情。

四个基本态度

家长们在面对孩子问题行为的时候必须坚持以下四个态度,否则问题将不会得到解决。

1.贯彻自己的言行

这是个必要的态度。它指的是自己说的话和做的事不要自相矛盾。比如当你们刚说完"不可以",就绝对"不可以"。家长需要在两方面注意贯彻。第一,孩子们的不良行为不可以改变父母的决定。否则,孩子会利用这种不良行为达到其目的。第二,在制定标准的时候一定要坚决。标准始终是不变的,家长不可以一会儿黑一会儿白,今天有标准,明天就没有标准,比如跟爸爸可以这样,跟妈妈就不可以。

2.以身作则

家长永远是孩子模仿的行为榜样,孩子无时无刻不在观察着家长。相比于家长跟他们所说的,孩子们更相信家长所做的。所以,家长首先要以身作则,去遵守家里的规定,承担自己的责任。

> 安吉尔惊呆了,因为他听到他6岁的孩子当着老师的面跟他说"老师在撒谎",而老师说孩子没有完成学校的作业。

3.不要给孩子贴标签

家长不应该就孩子的不良行为给他们贴上相应的标签。贴标签的意思是通过一些表达来评定孩子的好坏,比如,他是个"小淘气",他是个"讨厌鬼",更有甚者,他是个"坏孩子"。这些标签会鼓励孩子扮演相应的角色,让他认为如果不按照标签行事,似乎就不是自己了。所以家长必须避免这种做法,可以换一种方式来表达。

> 纳塔利娅的妈妈对她说:"像你这么乖的女孩才不会这样做呢……"

4.要有恒心

家长三天打鱼两天晒网是没有用的。因为这样孩子就会明白父母会疲惫,有时候会对他们严格要求,但有的时候并不会。罗马不是一天建成的,夫妻之间要相互扶持,要有耐心、有恒心。

和谐的家庭氛围

这是另外一个保证孩子行为举止适当的措施。实际上,这是个先决条件,如果得不到满足的话,前面的措施将会很难实施。和谐的家庭氛围主要指的是孩子生活在一个相对稳定的环境之下。也就是说,几乎总是由相同的人来照料他。孩子的活动几乎是在同样的地点、同样的时间,跟同样的伙伴进行的。

> 帕科今年8岁。他的妈妈经常倒班,而爸爸经常在国内出差。帕科每天会在不同的亲戚家里吃饭:今天是爷爷家,明天是外公家,之后的一天又是在姑姑家。每天都会有不同的人来接他放学,每天他都睡在不同的卧室当中……

缺乏相对稳定的家庭氛围会让孩子变得非常的不安。同时，这也为他的不良行为埋下了隐患。

所以，一个健康的家庭环境应该是建立在家庭成员之间的频繁对话和沟通的基础上的。这种条件不可以因为压力和匆忙而受到损害。所以家庭成员之间应该有一个相对固定的时间来安静地交流。一个健康的家庭应该将这一段时间视为其真正的需求、治病的良药。

> 对于加西亚一家人来说，周四晚上就是他们家的"无电视之夜"。妈妈会准备一些晚餐，然后大家坐下来一起享用。同时，每个人都谈论着自己这一周过得怎么样。晚间娱乐时间，大家伙儿就在开心地打牌当中一起度过。

总 结

以上就是我们为大家建议的基本治疗措施。总结一下，包括家长要关爱孩子，要制定明确的符合孩子年龄的规矩和责任，当孩子不听话的时候要采取行动，要贯彻自己的言行，不要乱给孩子贴标签，要有恒心，同时保持和谐的家庭氛围。

第五章

应对具体情况的策略

应对不听话孩子的策略

接下来,我们会为大家提供几种策略和技巧,以便大家在孩子出现问题行为时,结合具体情况运用。

我们先从如何应对不听话的孩子入手。接下来的这些策略应当与我们前一章提出的基本治疗措施一并实施。

1. 分清命令和请求

家长们首先要分清什么是命令,什么是请求。我们这里所说的命令永远与规则和责任相关。请求则是出于个人的利益或是突发的念头。从某种意义上来说,请求不一定都要被满足。

2. 减少命令的次数

命令的次数应当是有限制的,这时孩子会慢慢记住他该做些什么。所以,届时家长要做的不是命令他,而是提醒他。

3. 命令要明确

家长如果给出了命令,一定要让孩子明明白白地理解该怎么去做。孩子有可能不理解什么叫"坐好",此时家长可以向他解释:"双脚放在地面上,双手放在腿上。"

4. 要自信并坚定地下命令

家长命令孩子的时候,一定要有自信并且坚定。有些家长命令孩子的口吻就好像告诉他们:"如果你愿意的话,可以这么做……"当您给出命令的时候,就不要给他选择的余地。如果家长问孩子:"你想收拾床铺吗?"这就给了他拒绝的可能性。在这种情况下,家长最好这么说:"我们来收拾床铺吧,你愿意的话我可以帮你。"

有些家长隔着很远的距离就对孩子发号施令。但是，如果您想命令孩子，应当离孩子近一些，确保他能够听到。

5.如果孩子不愿意服从命令

如果孩子不愿意服从家长的命令，家长绝不能允许他得到想要的，否则下一次他还会不服从。此时家长应该采取一些措施强迫他去做：适当地提醒他，但是不要没完没了。最多提醒3次，要让孩子记住：第三次提醒过后父母就要采取措施了。如果提醒无效，那家长需要采取上面提到的其他措施，比如过度纠正、剥夺特权、暂停时间等。

6.表扬孩子的配合

如果家长想要让孩子的不当行为得到改进，就要特别关注孩子好的行为，并在他配合的时候表扬他，这样做会让他知道你们希望他怎样做。

与此同时，他的良好行为也会得到巩固。

孩子的不良行为达到中度的时候，他的举止会给旁人带来更大的困扰。

对于这种情况，我们会在前面的基础措施之上补充一系列的特殊措施。

我们将其分为三组：第一组以预防为主，主要适用于不良行为发生之前；第二组适用于不良行为即将爆发时；第三组则适用于不良行为爆发后。

应对孩子不良行为的策略

1.当不良行为发生之前

大多数家长已经了解了他们的孩子会在什么样的情况下容易出现问题行为。

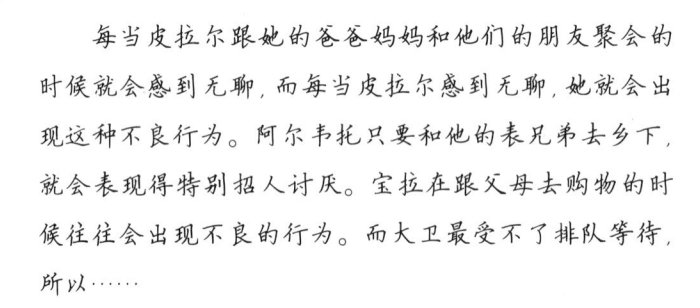

> 每当皮拉尔跟她的爸爸妈妈和他们的朋友聚会的时候就会感到无聊，而每当皮拉尔感到无聊，她就会出现这种不良行为。阿尔韦托只要和他的表兄弟去乡下，就会表现得特别招人讨厌。宝拉在跟父母去购物的时候往往会出现不良的行为。而大卫最受不了排队等待，所以……

最好的预防措施就是避免那些可能引发不良行为的情况的出现，尤其是那些父母认为风险级别较高的情况。

为此，家长可以采用以下几种措施。

提前预测将要发生的事情并告诉孩子

很多孩子的情况变得严重是因为他们并不知道会发生什么，也不知道会持续多久。他们认为所经历的只是一场惊吓。所以最好的方式就是提前告知他们接下来会发生的事情，以及事态会朝着什么方向发展。

> 宝拉的父母提前通知女儿他们一会儿要去购物，可能一会儿爸爸妈妈会轮流陪着她，他们会去玩商场里的游乐设施，最后再一起去吃冰激凌。

提前告知并不仅仅意味着家长要提前告诉孩子接下来会发生什么，还包括告诉他们你们希望他们到时候应该怎么做。

寻找替代方案

第二个措施就是寻找解决问题的替代方案。当孩子感觉到无聊的时候，比如在等待的时候或者是在旅途中，家长应该给他带上一些娱乐的材料，比如故事书、玩具、拼图、彩色铅笔和纸张，或者一个便携式的DVD（数字激光唱盘）播放器。越小的孩子越需要这些娱乐手段，因为他们很快会感到无聊，需要频繁地更换活动。

当家长跟朋友约会或者参加饭局的时候,最好选择一个有露天区域的地方,可以让孩子在那里安全地玩耍。

无论怎样,家长不应让孩子置身于超出他承受范围的情况。因为在这种情况下,孩子所了解的唯一能终止这种情况的方式就是故意不好好表现。所以这种情况会无形中加强孩子的不良行为。

2.当不良行为即将爆发时

父母已经察觉孩子即将爆发不良行为的时候,可以采取以下措施。

(1)分散他的注意力。

当孩子即将爆发不良行为时,父母应当立即将他的注意力转移到另外一个目标上。

> 6岁的胡安霍陪着父母跟他们的朋友用餐,餐后大人们继续在桌边闲聊,但此时他已经忍无可忍了。
>
> 他的妈妈察觉了这一点,悄悄地对他说他的T恤上好像有什么东西,所以他们要去出口的地方看一看,因为那里更明亮。
>
> 妈妈拉着胡安霍的手带他离开餐桌去散步。

（2）提醒规矩和奖励。

另外一个策略是家长需要用平静而有力的声音提醒孩子那些约定好的规矩，告诉他您希望他怎么做，同时也应该告诉他，如果他接下来好好表现的话会得到什么奖励。

（3）提醒后果。

当孩子即将爆发不良行为的时候，家长有必要提醒他后果是什么。您告诉他如果他闹脾气的话，您会怎么惩罚他。当然，您也应当提前将这些措施告诉孩子，通常可以采取的措施有"暂停时间""剥夺特权"或者"过度纠正"。

> 阿尔韦托又开始不厌其烦地去招惹他的堂弟了。他的爸爸叫住了他，并且对他说："你知道吗？如果你跟你的堂弟打起来并且把他弄哭的话，今天下午，你就看不成动画片。"

3. 当不良行为爆发后

如果实行了上述措施，孩子终究还是爆发了不良行为，那么接下来家长就该采取措施了。孩子在闹脾气的时候，他是不会听您劝阻，不会跟您讲道理，也不会去跟您沟通的。

在这种情况下比较有效的措施就是我们上面提到的措施:"暂停时间"——暂时将孩子带离冲突现场。

忽略孩子的行为同样也是有效的,但是只适用于特定的情况,比如闹脾气。但家长不可以忽略那些使孩子自身和其他人的安全处在危险之中的行为,或者孩子对其他人造成干扰的情况。

其他一些值得推荐的措施还有我们前面为大家讲解过的"剥夺特权"和"过度纠正"。

无论怎样,家长都应该避免孩子通过不良行为获得某种"奖励",即达到他的目的。

"奖励"孩子不良行为的方式有两种:一种是家长给予孩子过多的关注。殊不知,有时孩子就是要通过不良行为来吸引家长的关注。另外一种是孩子利用不良行为来达到他的目的,包括改变家长的决定、逃避自己的责任、满足自己的任性想法。

长期策略

要解决中度不良问题行为,除了我们上述提到的基础措施以外,当然还需要一些临场解决问题的即时策略。

同时，家长还需要采取一系列的措施来教孩子，让他的行为向好的方面去发展。这是一项长久的任务，但是从长远来看，它可以有效地帮助有不良问题行为的孩子改进自己。

这些措施旨在教孩子一系列的能力，而这些能力会使孩子行为上的问题得到好转。

1.开发自控力

首先家长应该教会孩子控制自己的行为。自我控制即冲动的对立面。它指的是教会孩子"三思而后行"。为此，家长可以使用一个叫作"自我提示"的方法。

自我提示是指一个人提醒自己。其中包括一些非常基础的方法，比如"行动之前数10秒"。

从孩子7岁起甚至更早，家长就能够教他们自我提示了。家长可以从比较典型的情况入手，有些父母会让孩子大声地重复指令，这样一来，孩子就能渐渐记住。

> 维克多的父亲经常在堵车的时候失去耐心。为了教维克多"自我提示"，他经常会大声对自己重复："车太多了，但是生气和按喇叭也不能解决什么。明天我得早点出门。"

太堵了，按喇叭是解决不了问题的……我下次应该早一点出门。

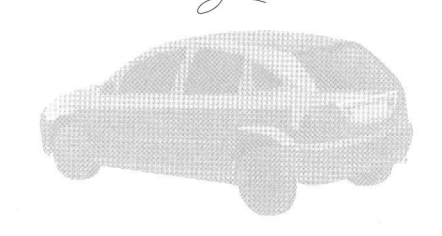

戴维7岁了,他对排队玩秋千很没有耐心,但是此时有另外一个孩子已经玩了好一会儿。

戴维眼看就要爆发了,准备去强行把那个孩子拉下来。

就在此时,他的爸爸大声说道:"这个小朋友已经在秋千上玩了好一会儿,应该礼貌地告诉他下来让其他小朋友也玩一会儿。"

2. 增强挫折忍耐力

有些孩子连最轻微的挫折也无法承受。这些孩子是很任性的,他们拒不接受家长说的"不"。本措施是治疗孩子长期问题行为的良方。因为,过低的挫折忍耐力会导致孩子出现很多的问题行为。

同其他能力一样,挫折忍耐力是在经历中习得的:孩子需要通过经历来学会他并不总是能得到他想要的一切。

有些家长不敢直接拒绝孩子,因为家长认为孩子可能会因此而难过。但是,随着时间的流逝,这些家长也会主动去拒绝他们的孩子,因为他们已经害怕自己的孩子了。

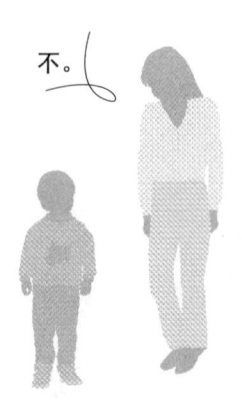

教会孩子承受挫折,就是让他们在日常的情境中去经历这些挫折。比如在游戏中输了,得不到或者吃不到他喜欢的,迟到,等等。

我们的策略是根据不同程度的挫折循序渐进的。如果孩子因为很小的挫折就感到很失败,那家长就尽量先让他遭受较少的挫折。

父母也可以为孩子树立承受小挫折的榜样。比如在开车的时候或者是观看体育比赛的时候不说脏话等等。

3.教会孩子延迟满足

除了上述能力外,孩子还应该学会并不是此时此刻就能够得到他想要的东西。

家长应该教会他,在很多时候,期许的事物需要一段时间的等待和努力才能得到。

很多伴有问题行为的孩子不懂得等待,什么都想立刻得到。

家长教育他们时,不可以总是向他们妥协去满足他们的需求,而是要让他们等待并且排队,让他们在一些情况下学会"阳光总在风雨后"。

同时,家长也可以让他们在一些需要事先准备的节日聚会或者欢乐场合中练习等待,比如准备圣诞晚餐和圣诞节的礼物,亲手为聚会准备装扮,安排生日聚会。这也是孩子长期应该具备的经验之一。

其他延迟满足的情况包括帮助准备晚餐或者完成一个收藏系列。

4.教会孩子社交技能

第四条措施是家长需要教给孩子正确的人际交往技能。

人际交往技能是我们用来与他人相处的有效策略。家长应该教给孩子下列技能:

与其他小朋友开展并维持对话的能力;

寒暄的能力;

应对嘲笑的能力;

倾听他人的能力;

商量的能力、分享玩具或空间的能力;

参加游戏或集体活动的能力;

合理捍卫自己权利的能力。

家长可以直接教给孩子人际交往技能,也可以让孩子通过模仿来掌握。

直接教给孩子社交技能的方法包括给他们展示一些在特定情况下如何反应的"小技巧"。

> 劳尔7岁了,他的妈妈正在教他如何应对一些同学的嘲笑从而保护好自己。
>
> 妈妈对他说:"当有人嘲笑你的时候,你走过去告诉他,你不喜欢他这么说你,你也不会这样去嘲笑他的缺点。如果那个人还继续嘲笑你的话,你就告诉你的老师。"

下次他再招惹你的时候,你可以走到他身边告诉他,你不喜欢他这样说你,你也不会去嘲笑他的缺点。

孩子们也会模仿父母的社交行为。因此,父母们一定要时刻为孩子们树立正确的与他人交往的好榜样。

5.其他的能力

家长应该教给孩子换位思考能力,即站在我们社交关系中对方的角度去感受。同样,家长也应该教会孩子预见的能力,并且认识到自己烦人的行为会对他人造成怎样的影响。

当孩子表现出其他不良行为时,家长必须向孩子表达自己的感觉,也可以询问他:是在哪些日常情景下出现不良行为的,被这个行为殃及的其他人会怎样想?

如何应对更严重的问题行为?

当一个孩子出现重度问题行为,比如做出一些很不好的恼人举动,他的问题行为通常会有一个从轻到重的发展过程。没有哪个孩子的问题会一下子就从轻度变为重度。

在这种情况下,通常会存在一些频繁出现或影响强烈的导致问题行为的因素。比如,教育措施不正确,孩子有更容易导致问题行为的个人特殊因素,家庭环境不稳定,等等。

单单依靠父母的行动是不够的。出现重度问题行为的孩子早已脱离父母的控制,所以,父母们不能孤军奋战。

因此,最好的方法是咨询专家,请他们为孩子进行全面的评估并制订系统的干预方案。

首先家长应该去咨询学校的辅导员。他们一般是具有丰富儿童方面经验的教育专家，或者心理学专家，他们是学校里最了解孩子的人。

他们可以对孩子进行初步评估，然后按情况将孩子推荐给最合适的专业人士。孩子们的问题可能是多种多样的，通常需要多专业的专家们一同介入，比如儿童问题的心理专家、社会工作者、家庭治疗师或者儿童精神专家。他们一起针对孩子或者整个家庭介入治疗。

其他的建议

如果对于轻度或者中度问题行为，采用本书所推荐的措施却收效甚微，那么有可能是因为家长没有正确地采取措施，或者根本不具备采取这些措施的条件，再或者存在其他的因素恶化情况，比如孩子患上了某种严重的病症。

此时，家长更需要寻求专家的帮助，这一点我们已在前面的章节中叙述过，就不再赘述。

另外，有些家长想要深入了解有关孩子问题行为方面的知识。为此，我们推荐本系列丛书中的其他书籍，这些书分别围绕孩子闹脾气或多孩家庭中兄弟姐妹间嫉妒心和敌对心理这些主题进行了深入的探究。此外，丛书也包括探讨基本教育技巧和约束技巧的书籍，供有兴趣的读者朋友阅读学习。

第六章

家长提问

家长提问

在本章我们将尽力为各位家长解答与本书主题或与孩子不听话等问题行为相关的一系列常见问题。

> 我总是需要不停地对我6岁的儿子重复命令,他才肯做些事,甚至有时候这样都无济于事。要是我不朝他吼或者惩罚他,他就不会做出反应,我真是太累了。我该怎么办?

这位母亲描述的情况很常见。尽管家长频繁地提醒孩子注意,但是只有在家长采取措施的时候孩子才会听话。

或许父母和孩子都已经对这种情况习以为常了,孩子已经习惯性把父母的提醒当作耳旁风,只有当父母吼的时候孩子才会认为父母认真了,而父母也习惯自己的提醒只有喊叫出来才有效。

这种情况下,家长应该做到以下几点。

(1)孩子应当事先知道他应该做的。比如,应该将脏衣服丢到脏衣篮中,或者吃完饭之后,应该把盘子收到洗碗池中。

(2)当家长需要命令孩子的时候,应当靠近他,使用温柔而坚定的语气,万不可威胁孩子。在一段时间之后,记得检查一下孩子做得怎么样。如果孩子没有照您的话去做,此时您可以采取"剥夺特权"的措施。

剥夺特权指的是在一段有限的时间之内(一个小时或者最多一个下午,切勿很久)取消一些对孩子有吸引力的活动。如果可能的话,最好是那些与他不听话的行为相关的活动。如果孩子因为看动画片而不收拾桌子,那么此时的剥夺特权就应该是在第二天不让他看动画片。如果孩子是因为痴迷于某个玩具，那么相应的惩罚应该是没收这个玩具一段时间。

（3）不要无限次地提醒孩子。要尽量控制在3次以内，不多也不少。如果第三次提醒孩子他还是不听话，那么家长要直接采取剥夺特权措施。孩子会慢慢适应3次提醒和相关后果的，这样效果会越来越好。

（4）当孩子在没有被提醒3次且没有被采取任何措施的情况下表现良好的时候，要记得表扬他、祝贺他。

> 我8岁的儿子特别听他爸爸的话，但是对我就置之不理，要是我不朝他喊叫他是不会理我的。我该怎么办？

孩子们很明白如何对待每个人。可能妈妈跟孩子在一起的时间更长，这就更不利于妈妈保持权威。当父亲陪孩子的时间比妈妈少得多的时候，他反而更易于与孩子持久相处并且跟孩子相处得更和谐。

但无论怎样，建议您注意以下几点。

（1）减少提醒的次数。不要因为同一个原因提醒他超过3次。不要朝孩子喊叫但是要足够坚定。要离孩子足够近以确保他能够注意到您。如果提醒3次后孩子还是不听，那么您可以采取一些适当的措施，比如我们在前面所讲的剥夺特权。这样孩子就能记住家长最多提醒3次，之后就会采取行动了，而且家长是认真的。或许正是因为您已经习惯了叫他很多次他也没有反应，所以孩子会忽视您。

（2）要多关注孩子其他的积极行为。有可能孩子需要的是您的关注。为此，当孩子表现尚佳的时候，您记得要对孩子表现得亲近一些，多在意孩子一些，多表扬他。

（3）尽量跟爱人达成一致。对孩子的教育，夫妻双方应当达成一致。爸爸应该在孩子面前无条件地支持妈妈，反之亦然。而孩子应该从父母那里得到同样的信息。

> 书里面提到了孩子不应该改变父母的决定，但是总有那么一刻我们无法忍受，还是要做出让步。这种情况下到底该怎么做？

的确，如果家长想纠正孩子的行为，就不可以允许他改变你们的决定，尤其是当他想通过不良行为达到某种目的时。道理很简单，如果孩子学会了通过不良行为从父母那里得到更多的东西，那么这就是在奖励他这个态度，所以孩子自然会故技重施。

家长认为一件事情不应该做，因此一开始告诉孩子"不可以"。于是孩子开始闹脾气，而且闹得越来越厉害。这时候家长实在忍无可忍，只好改口说"可以"。孩子就是这样学会改变父母的决定的。

确实存在上述这种让家长忍无可忍的情况，在这种情况下，我们建议家长这样做。

（1）在做决定之前应当先考虑一下当时的情况。比如，如果您在一个人非常多的公共场合。在这种场合里，您如果表现得非常坚定只会让事态变得非常棘手，因为情况不允许您保持决定不变。这时候您应当采取另外的替代方式。相比一上来直接拒绝孩子，然后因为孩子出现不良行为再改变决定，家长可以在一开始先给孩子肯定的答复。

（2）如果父母下决心做决定，父母双方应当互相支持，都应该表现得坚定。如果孩子坚持，父母应当忽略他的抱怨。如果父母无法忽略他的抱怨，应该提醒他不超过3次。如果提醒超过3次孩子依然表现出不良的行为，家长可以采取一些措施，比如暂停时间或者剥夺特权。

如果孩子了解到他是无法改变你们的决定的，他就不会再尝试做这件事情，也就不会再将你们置于比较尴尬的境地了。

> 我的女儿5岁了,很不听话,而且方式很特别。当我们叫她做一件事情的时候,她总是问我们为什么,她为什么要这样做,为什么做的人是她而不是她的弟弟诸如此类的问题。我应该拿她怎么办?

有一些孩子是这样的。尤其是当他们越来越大的时候,他们会质疑某些规则以及命令。事实上这并不是坏事。尽管对于父母来说,这有点让人头疼。

父母就一个要求或者命令和孩子进行争论并不是明智之举,尤其是当孩子还小的时候。因为这样可能会导致这场争执无休止地进行下去,并且会被孩子用来"聪明地"逃避父母要求他做的事情。正确的顺序应该是:先让孩子遵守父母的要求,然后再向他解释这样做的原因。

无论怎样,让我们先来分析一下孩子的问题。有时候,孩子提出这样的问题是因为他察觉规定本身存在一些矛盾,或者家长并未持续地严格执行这个规定。所以这会让孩子质疑这些规定。如果这就是您家的情况,那么您就有必要去改善这些方面。我们要保证让孩子去做的事情是正确的、明智的事情。

家长应该将这些规则和命令的价值解释给孩子听。事实上,所有的规则都有其原因以及背后的价值观。比如,改善家庭的运转情况,让大家共同的生活变得更轻松愉悦、更和谐安全等等。家长应该给孩子解释这些价值观,孩子一般很快就会察觉:家长的这些命令与上述价值观相符,还是仅仅出于家长的一时任性。

家长应灵活地向孩子解释规定。孩子并不总是明白什么叫作"例外",以及什么时候会有"例外"。

> 我们3岁的儿子几乎没什么挫折忍耐能力,我们应该怎么帮助他?

教会孩子承受挫折是一项艰巨的任务,但同时也是最具有教育意义,以及对他做好迎接人生的准备有着实际意义的任务。一个懂得承受挫折的孩子将更有能力去面对未来的学业和社交关系,同时实现计划的目标。

幸运的是您的孩子还小,教会他以下方面会相对容易很多。

(1)让他去经历日常的小挫折,不要总设法去帮他避免。

(2)在保证孩子安全的情况下,要尽量避免过度保护,要让孩子去体验犯错。

(3)不要惯着孩子所有的任性。

(4)增强他的自主性,3岁孩子可以做的所有事情,比如穿衣服、洗漱、吃饭等,都应该让他自己独立来完成。

(5)当孩子因为很小的事情就哭泣的时候,不要立刻跑过来安慰他。

(6)不要孩子要求什么事就立刻满足他。那些不应该做的事要适当地对孩子说"不",无须过多解释。

(7)可以频繁使用"先做完这个再说那件事"的策略。

(8)教育孩子并要他学会做事情要有始有终。

(9)教给他应对挫折的方法。为此家长本人需要在面对挫败时做出榜样,大声说出您的想法并言行一致。

(10)表扬孩子在这方面取得的成就和进步。

(11)不要让孩子宣泄挫败感的方式改变你们最初的决定。

> 由于我和妻子都工作,我们6岁的儿子跟他爷爷奶奶相处的时间很长。他们会纵容他的不良行为。可是,当孩子跟我们在一起的时候矛盾就来了,因为我们不会任由他做出不良的行为。我们到底该怎么做?

对于孩子来说,经常变换照顾他的人是一种很常见的情况,而且这样也会导致不统一的教育理念和不规律的生活习惯。

我们不能责备老人,因为他们在这个岁数还能替我们照看下一代,这一点就已经无可挑剔了。

任何一种生活方式都会对父母和孩子有"副作用"。父母们应该来决定他们想要的是什么样的生活方式,并且为此承担后果。

无论怎样,一定要保证你们跟孩子在一起的时间是高质量的。比如一起学习的时间,一起在家休息的时间。这不等于要放松规矩。

另外,要给爷爷奶奶充分放权,不要当着孩子的面否定他们的权威,要一直支持他们对孩子的做法。

> 我有两个孩子,一个4岁,另一个已经10岁了。我应该怎么要求他们承担各自的责任呢?

每个年龄的孩子所承担的责任不同。比如,4岁孩子的责任有以下方面。

自己穿衣服(除了系一些小纽扣以外),自己系鞋带,自己洗手、刷牙,自己上厕所,自己用勺子和叉子吃饭,并且独自睡在自己的床上。

在家中,家长应该要求他爱护家中的家具、物品和他自己的物品,玩耍之后自己收拾玩具,要节约用电用水,帮助父母摆放、收拾餐桌,尊重家里的某些私密空间，爱护别人的物品，遵守时间表（吃饭、洗澡、睡觉、娱乐），遵守每一个活动的时间（每个活动都要有固定的时间长度），听父母的话，要好好对待家里的其他成员。

在学校，家长应该要求孩子爱护学校的物品和他的学习用品，好好学习，认真完成作业，听老师的话，跟其他同学好好相处，并遵守班里和学校的纪律。

至于您10岁的孩子，您首先应该以跟弟弟（妹妹）一样的要求来要求他，并且还有其他的要求。

自己穿衣服，把衣服放在合适的地方。自己洗漱，自己吃饭，自己打扫房间、整理床铺，在公共场所行为要得体，不要相信陌生人，在大人提前告诉用法之后自己吃药，会自己给自己弄点吃的。

在家中，管理好零用钱，多承担些家务活，比如在社区附近进行简单的采购，照看宠物，整理账单，规划好自己的学习时间，自觉开始学习。

学校方面，自己准备第二天的书包，记录并完成好作业，提前购买学习用品，利用好学习时间。

> 我有一个7岁的儿子。每当我忍无可忍的时候，就对他采取一些惩罚措施。但每次过后我都会后悔，然后又原谅他了。我这样做对吗？

您这样做是不对的。正确的做法是您提前跟他说好，如果他不守规矩的话您要采取什么样的措施。家长和孩子都要明确什么是不良的行为，以及会采取哪些相应的措施。这样就不会出现这种很矛盾的情况了。这些措施需要大家在冷静的时候想好，而不应是一时冲动的产物，这样对于孩子来说也更公平。

"暂停时间"和"剥夺特权"是最常用的策略。这两条策略都需要控制好时间，例如：暂停时间可以是与孩子的年龄数相同的分钟数，而剥夺特权，最好是几个小时或者一下午。

任何父母和孩子都应该遵守这些规矩和标准，并且能够正确地与本书中所提出的其他策略结合使用，这样才能够发挥最好的效果。

最后，家长不要到忍无可忍的时候再想惩罚措施。家长应将提醒次数控制在3次。如果3次提醒无效，您就要立即采取措施。每次都提醒3次就不会像提醒了十几次那样心烦意乱了。

> 我们的女儿患有唐氏综合征。这本书中的教育方法适用于她吗？

当然，本书中的引导措施适用于任何儿童。患有唐氏综合征的儿童会出现一些障碍，这些障碍会导致他们比普通孩子容易出现问题行为。他们相比常人可能会更焦虑、更冲动，他们在行动之前思考和提前考虑行为后果这几方面会多一些障碍，但具体因人而异。

但很可能发生的是，如很多残疾儿童案例那样，唐氏综合征患儿的父母会采取不正确的教育方法，比如过度保护孩子，不要求孩子遵守规则和承担责任，当孩子不守规矩的时候也不会采取措施。

因此，为了解决您女儿可能出现的问题行为，请您务必减少那些不正确的方式，采取本书中提供的教育方法，就像对待其他任何孩子一样。

> 我们的儿子12岁了，我们眼见他从一个安静的小孩子变成了一个非常不听话、叛逆、会跟我们犟嘴的孩子。我们非常惊讶。请给我们提一些建议好吗？

首先，这是一个正常的过程。大概12岁左右的孩子会进入到一个新阶段：前青春期阶段。在这个阶段内，他们会重新寻求对自我个性的肯定。这就好像是在告诉他们的父母，他们不再是小孩子了，也不想再被当作小孩子了，虽然他们仍然表现得像孩子。

孩子应该从这个年龄开始做出一些改变，比如他们要开始逐渐适应规则和责任了，有些规则需要家长跟孩子好好商量而不是强加于孩子。同时，从这个年龄开始家长也应该制定一些措施了，比如暂停时间。这个措施需要家长很正确地使用到对应的场合中，与此同时对话还是要占主导位置。

但是，本书中介绍的基础措施，家长应该坚持采用。比如关爱孩子，树立规则，明确责任，制定措施，保持和谐的家庭环境。除基础措施外，还要坚持4个注意事项：要有贯彻性，要树立榜样，要抱以恒心，不要给孩子贴标签。

> 一个孩子是如何变得消极和充满敌意的，即表现出严重的问题行为的？

每种特殊情况的背后都有故事。但是，为了回答您的问题，我们来看一些常见的情况。

一些孩子的个人特点可能也会导致问题行为，比如脾气很冲，挫折忍耐力很低，延迟满足能力的缺失，缺少换位思考或者提前想到行为后果的能力。

不当的教育方法以及不良的家庭氛围所导致的问题行为更为常见。尤其是因为缺少长期有效的规则，父母们不贯彻自己的标准，或者孩子频繁由不同的家人来照看，再或者孩子缺乏规律的生活习惯。

大部分情况下，不良行为都是从轻到重逐渐形成的。当孩子了解到不良行为对于他来说非常有效，是他用来满足自己任性和逃避责任的妙计，那么孩子就会得寸进尺。

在其他少数情况下，照看孩子的人疏忽大意，或者孩子生活在一个充满敌意的家庭氛围中，不良行为就成为孩子的生存手段。在这种环境下，孩子认为这种行为方式才是让别人注意他、在意他的方式，是他生存下去的最有效的方式。

> 我们为了惩罚5岁的女儿，让她回自己的房间待着，但是过了一会儿我们去看她的时候，发现她自己玩得很好，就像什么也没发生过一样。这个方法真的有效吗？

实际上，你们做得并不对。"暂停时间"这个措施正是你们想要采取的措施，但是你们忽略了其中的几个必要条件。

这个措施应当用于解决数量有限的行为，如果可能的话，应当让孩子事先知道这个措施。如果滥用这个措施，它将失去效果。

孩子应该在一个地方待上一段有限的时间。比如很多专家都指出，待上与孩子年龄相等的分钟数即可。比如您家孩子5岁，让她待上5分钟即可。5分钟过后，她就可以离开那个地方了。

孩子的房间可不是一个理想的地方。"暂停时间"的地点应该选在一个无聊的角落，在那里孩子可以安静地待着，那里没有任何可以供她娱乐的设施，当然，也要是个安全的地方。所以，我们建议您在家中找一个这样的地方。

> 我家的情况跟书中描述的皮拉尔的情况一样。每次我们带孩子跟朋友聚会的时候，他都很不安分，一直嚷嚷着要回家，不闹一次祸绝不善罢甘休。我们该怎么办？

这种情况下，您可以采取下面这些措施。

提前预测可能会发生的情况：会发生什么情况？大概要在外面待多久？以及孩子应该怎样表现，也就是他该做什么、不该做什么。

如果孩子开始疲倦了，并且表现出不良的举止，比如，在20分钟的时候孩子开始闹起来了，家长最好在半小时之内结束活动。家长可以让孩子逐渐适应这种氛围，在此类活动中再多忍耐一些时间。

家长们也可以想一些替代方案，比如约在一个孩子可以玩耍且不打扰别人的地方聚会。或者在一段时间之后，由一位家长带着孩子出去转一圈，散散心。家长也可以根据孩子的年龄，给他带一些娱乐用品。

无论怎样，家长要避免孩子的吵闹导致聚会不欢而散的情况出现，因为这样一来，孩子就会记住他的这种行为可用来结束一场令他不愉快的活动。

> 我们的儿子被诊断患有注意缺陷多动障碍，他习惯性地表现出错误的行为。我们该怎么解决这个问题呢？

注意缺陷多动障碍会给孩子带来更多的自我控制方面的困难，因此这些孩子更容易出现这种错误的行为。

但是，家长们还是应该教育他们并且帮助他们正确地表达言行，这其中的道理与对待普通孩子是完全一样的：举止良好的孩子更易于处理日常生活以及提升幸福感。这样的孩子可以更好地面对家庭生活，更好地面对学业，更好地处理好与同学和老师的关系等。

本书中介绍的措施对于患有注意缺陷多动障碍的孩子同样有效。但家长可能需要更系统地采取这些措施，或者在刚开始的时候可能需要在专家的指导下采取一系列的行为治疗措施。

> 我家儿子11岁，他的行为完全符合书中关于重度问题行为的描述：他非常不听话，而且对我们的态度是负面和挑衅的。但是，学校那边跟我们反馈说他在学校并没有什么问题行为。请问有可能会这样吗？

这是很有可能的。孩子负面的挑衅的行为可能只会在家庭环境中表现出来，在学校则不会出现这样的情况。这种情况指的是孩子成为家中的"小恶霸"，有时甚至会导致其出现暴力行为。

孩子在学校守规矩是因为那里对于他的行为有更严格的管控，比如学校有着明确的纪律、同学之间会相互监督。相比家长，老师也更具有权威。

不管怎样，你们或许应该咨询一下专家，请他针对孩子的情况以及您家里的情况做一个更具体的分析。

> 我家女儿今年11岁了，我们快要管不住她了。我们想要去咨询专家，但是该咨询哪些专家？专家能在哪些方面帮助我们？

单凭"我们快要管不住她了"这个表述，我们无法确定您女儿问题行为的严重程度。有些家长认为问题很严重，但却忽视了另一些需要重视的问题。

目前，我们最推荐的是孩子学校的辅导员。这些辅导员大都是教育学家或者心理学家，他们处理孩子的问题很有经验。你们可以先咨询一下学校辅导员，了解一下孩子的表现，然后做一个初步的评估。

辅导员的工作通常不是对孩子或者家庭直接进行治疗，因为他们的专长并非治疗，而且他们可能同时会为多个学校服务。但是，他们的初步评估对于家长是否需要进一步咨询其他专家是很可靠的参考。如果需要，接下来，您可以咨询以下几方面的专家。

处理儿童相关问题经验丰富的临床心理专家。

如果是家庭层面的干预治疗，需要社会工作者和家庭教育者的帮助。

儿童精神科专家。

心理专家和精神科专家可以在私人诊所找到。公共医疗系统中也包括了针对儿童问题的专科医院。家长也可以在家庭医生的帮助下进行下一步的治疗。

> 我们家的生活习惯很特殊，我们有一个刚满3岁的儿子。孩子的爸爸因为工作长期不在家，而作为妈妈的我也需要倒班。所以孩子一般是跟着外公外婆生活，有时也跟着舅舅舅妈或者保姆一起生活。他非常爱捣乱并且已经开始出现不良行为了。这是不是与我家的情况有关？

正如我们前面所述的，像您所描述的这种家庭环境可以说是一个非常典型的引发孩子问题行为的"风险因素"：孩子缺乏规律的生活。每一个照看他的人可能都有自己的教育方式和准则，而孩子也不清楚这一天轮到谁来照看他，他会跟谁一起吃饭，睡在谁的家里。或许他根本就没有一个可以参考的人。

在这种情况下，孩子不光会出现问题行为，还会出现其他类型的问题。

某些生活方式对孩子的教育有副作用。这虽然是父母的选择，但是按照孩子目前的生活状况，想改善这种情况可以说是很困难的。

为此，虽然可能不足以解决孩子的问题行为，但我们提供以下几条建议供您参考。

（1）虽然质量并不能取代数量，但要保证陪伴孩子的时间是高质量的。高质量的时间意味着在跟孩子一起度过的时间里，家长要认真地倾听孩子的心声，跟孩子一起玩乐，同时不要通过礼物或者满足他的任性要求这种方式来补偿缺失的陪伴。

（2）提前提醒孩子接下来可能会发生的变化。最好提前两天就告诉他要去哪里，和谁在一起。为此，您可以把照看者的照片贴在日历上，这样就可以让孩子知道接下来的几天他会跟谁一起生活了。

（3）尽管孩子不得不更换照看者，但是家长一定要保证这期间尽量让孩子保持生活规律，比如吃饭的时间、睡觉的时间、睡觉时的布偶、看电视的时间、去公园玩的时间等等。

> 我家孩子的问题行为很频繁。如果我们按照书上的建议做，可能一整天都在惩罚他。我们怎么做才好？该从哪里入手呢？

我们应该具体分析每一种情况的成因，认真了解是哪些因素导致了孩子的问题行为。总之，您可以采取的措施有以下几点。

（1）反省一下自己对待孩子的方式和教育孩子的方法，并且参考我们在本书中提到过的那些"治疗问题行为的基本措施"做出必要的改进。比如，要关爱孩子，特别是要在孩子表现好的时候及时表扬和关注他。要贯彻自己的标准，要为孩子树立好榜样，要有恒心，不要因为孩子的表现给他"贴标签"。

（2）选择3条孩子以前经常不遵守的基本规则，但是这次要尽可能让规则具体明确，比如"不要大声喊叫，要用正常的语调说话"。这些规则应该强调哪些不该做,以及哪些应该做。

（3）家长在这3条规则上是一定不可以妥协让步的,并且只需要围绕这3条规则采取相应的特殊惩罚措施即可,比如"暂停时间"或者"剥夺特权"。相反,当孩子遵守了这3条规定的时候,您要及时表扬他、祝贺他。

（4）及时采取那些应对"具体情况"的策略。

（5）坚持采用上述措施10天。之后,增加新的规则。

您会看到孩子在某些行为方面取得了进步,并且这些进步会"连带着"引起其他行为的间接改进。

> 对于有问题行为的孩子,需要怎样的心理治疗？

实际上这与孩子表现出的问题类型、年龄以及家庭、学校和社会环境相关。总体来说,专家的干预治疗一般都包括以下几个方面。

（1）专家首先对孩子问题行为的严重程度进行评估。为此,专家往往会将孩子的行为与跟他有相同背景的其他大部分同龄孩子的行为进行对比。

（2）专家会对导致孩子问题行为的变量进行评估。他们会在孩子父母的协助下对父母采用的教育方式进行分析,指出哪些是正确的,哪些需要改进。专家也会对可能影响孩子行为的个人特点和孩子的家庭环境加以分析。

（3）基于上述初步评估的结果,专家会制订一个治疗计划。这个计划的实施者虽然是孩子的父母,但是专家会指导他们从哪里入手、该怎么做。

（4）在更严重的情况下,专家会采取更专业的疗法和技术,比如"行为修正或认知行为技巧"。

> 我们的女儿今年4岁，她有一些问题行为。比如她非常不听话，我们每次都要提醒她很多次；她在学校还打人，非常的任性；如果我们不顺着她，她就闹脾气……我丈夫总认为小孩子都这样，等她大一点就会好了。但是，我认为我们必须要做点什么。请问这个行为是正常的吗？现在治疗的话是不是太小了？我们需不需要等几年看看情况有没有好转？

这个年龄的孩子一开始这样表现可以说是正常的。但是，家长要教育她，告诉她这种行为是错误的。首先，家长要教会孩子正确的行为方式，这是一种教育方法。孩子们必须从小接受教育。教育里不存在中立态度。家长什么都不做的时候，也在教育孩子（只不过可能是错误的教育），孩子会从家长的这种态度中学到不好的东西。因此，家长需要立即解决孩子问题行为的第一个原因是他们正在教育她。

其次，改善这些轻度问题行为也是防止问题严重化的预防措施。孩子可不是一夜之间就出现严重的问题行为的。趁着孩子还小的时候家长开始纠正她的问题行为，要比等她长大再解决轻松得多。

最后，孩子的问题行为是不会随着时间的推移而好转的。如果不进行干预，随着孩子长大，她的问题行为会越来越严重，哪怕在最好的情况下，也比最初要更难处理。因此，干等着不行动并不是一个好主意。

第七章

问题集

对孩子问题行为的评估

说明

本问题集旨在评估孩子的问题行为,以便家长判断孩子是否出现了问题行为以及其严重程度,适用于那些希望了解自己孩子行为的家长。

本问题集也可用作家长跟进评估自己所采用的措施的效果。当首次评估得分较低时,建议家长在采取改善措施一段时间后再次进行本评估。这样家长就可以看出,这段时间内孩子和家长自己取得的进步。

完成问题集的步骤就是选出那个与您的孩子的表现最符合的答案,首次使用时您可以参考最近两个月内孩子的表现,用作跟进时可以将采取改善措施后这段时间作为参考。

问题集

(1)孩子不尊重家人,比如父母和兄弟姐妹。

a. 几乎从不

b. 有时

c. 经常

d. 几乎总是

(2)孩子会故意破坏家中的物品,包括玩具、用品和家具等。

a. 几乎从不

b. 有时

c. 经常

d. 几乎总是

(3)孩子对父母的态度很具有挑衅性。

a. 几乎从不

b. 有时

c. 经常

d. 几乎总是

（4）孩子会故意去打扰家人，比如自己的兄弟姐妹或者父母等。

a. 几乎从不

b. 有时

c. 经常

d. 几乎总是

（5）一旦不顺着孩子，他就大发脾气。

a. 几乎从不

b. 有时

c. 经常

d. 几乎总是

（6）他在公共场合的行为会对其他人造成困扰。

a. 几乎从不

b. 有时

c. 经常

d. 几乎总是

（7）孩子将自己的错误行为归咎于他人。

a. 几乎从不

b. 有时

c. 经常

d. 几乎总是

（8）家长提醒他注意往往可以有效地改善他的行为。

a. 几乎总是

b. 经常

c. 只是偶尔

d. 几乎从不

（9）孩子的错误行为是因为不注意，并非有意而为之。

a. 几乎总是

b. 经常

c. 只是偶尔

d. 几乎从不

（10）孩子的行为是得当的。

a. 几乎总是

b. 经常

c. 只是偶尔

d. 几乎从不

评分标准及答案解读

您一旦完成问题集就可以参照下面给出的每个答案对应的分值进行评分了。

答案 a = 10 分

答案 b = 7 分

答案 c = 4 分

答案 d = 0 分

总分在 76 分到 100 分之间或者大部分答案选择 a，说明孩子的行为是恰当的或者他的问题行为只是偶尔的，程度很轻。第 9、10 题的答案明确说明了孩子的行为是怎样的：几乎总是正确的还是偶尔出现一点问题。

某些答案选择 b 或者 c 说明家长在这些方面应该注意改进，尤其可以通过预防措施进行改进。

如果您已经不是第一次填写这个问题集，而是在初次评估时低于 46 分并采取了一段时间的措施后用作跟进，这个得分表示您对孩子采取的治疗措施十分有效，进步相当的明显。

得分在 46 分到 75 分之间，或者大部分答案选择 b，说明孩子的问题行为应该得到重视。

当得分在 60 分到 75 分之间，且大部分的答案选的是 b，尤其是在第 10、9、8、5 题选 b，同时第 1、2、3、7 题的答案选 a 的时候，我们可以认为孩子的问题属于轻度问题行为。

此时您必须评估一下自己的教育方法、孩子的特点以及家庭氛围的特点，从这些方面来判断如何改进孩子的行为。同时，本书中建议的预防措施也有助于克服这些困难。当问题达到这个程度的时候，有必要尽早采取措施以免孩子的问题行为恶化。

如果得分在46分到59分之间，或者大部分的b答案集中在第1、2、3、7题，同时在第4、5、6、8、9、10题答案选择c，那么可以判定孩子的问题行为达到了中等程度。

此时，孩子的问题更加严重了，您需要在综合分析家庭的教育方式、孩子的特点及家庭氛围这些因素之后尽快采取治疗措施。此时的情况属于高风险情况，孩子的问题行为很有可能进一步恶化。

如果这并不是您初次评估，而是在首次评估分值较低，特别是低于46分并采取了一段时间措施后用作跟进，这个总分表示您采取的改进措施在纠正孩子的整体错误行为方面取得了明显的效果，但是您可能需要继续坚持采取这些措施。

总分在26分到45分之间或者大部分的答案选择c，表明孩子的问题行为达到较高程度。在总体评分的基础上您要特别留意那些选择d的问题，这表明孩子在这些方面的问题更严重。如果答案中有超过3个d，您就应该请专家来为孩子的行为以及自己的教育措施进行评估了。

如果您的初次评估得分属于这个区间，我们建议您在坚持采取相应措施至少一个月后再次进行评估。

如果您初次评估得分低于26分而本次得分介于该分值区间，我们可以认为孩子的问题还是得到了一定的好转。但是这还远远不够，您需要继续采取相应的措施。

总分介于0分到25分之间或者大部分的答案是d，则表明孩子的问题行为很可能已经达到非常严重的程度。如果是这样的话，我们建议家长请专家对孩子的情况进行深入的评估。家长也应该反省自己的做法以及家庭氛围是否在某些方面出现了问题。

在这种情况下，我们也建议家长在持续采取纠正措施至少一个月后再次进行本评估。

对教育方法和家庭氛围的评估

说明

孩子的问题行为往往与家长采取的不正确的教育方法以及家庭环境中的一些特殊的方面有关。

治疗孩子的问题行为应该从采取与以下两方面相关的一系列基础措施开始：教育方法和家庭环境。

下面的问题集可以帮助家长们找出在这两方面应该巩固或者改进的地方，并从这里出发开始纠正孩子的问题行为。

本问题集也可用作家长跟进评估自己在客观采取了纠正措施后取得的进步，尤其是在初次评估总分低于50分的情况下。

答题步骤即选出每道题下面给出的与您的情况最相符的答案，您可以参考近两个月内自己的做法。

问题集

（1）您对待孩子的方式是非常温柔的。

a. 几乎总是

b. 经常这样

c. 由于没时间或者很辛苦，有时会这样

d. 因为没时间、没心情，几乎从不这样

（2）表扬孩子正确的行为，并且在他表现良好的时候给予他特殊的关注。

a. 几乎总是

b. 经常这样

c. 有时，但是我们批评他多于表扬他

d. 几乎从不这样，我们总是在他表现不好的时候更关注他

（3）对孩子的要求明确且具体：孩子知道在特定的情况下该怎么做。

a.几乎总是

b.经常这样，但有时我们会改变一下要求

c.有时，因为我们不总是以同样的标准要求他

d.几乎从不，我们对他的要求更取决于我们的心情、身体情况以及所处的地点

（4）孩子承担与他年龄相应的责任，比如自主性、在家中和学校的责任。

a.几乎总是

b.经常这样

c.有时，大部分的事情还是由我们来做

d.几乎从不这样，或许我们太过于保护他了

（5）当孩子不遵守规则的时候，家长有相应的惩罚措施。

a.我们几乎总是采取措施，直到他知道守规则

b.经常这样，偶尔不是

c.有时候会这样，大部分情况下我们只会批评他，但是也没什么效果

d.几乎从不这样，最后孩子还是会得到他想要的

（6）当我们对孩子采取措施的时候（比如暂停时间、剥夺特权），会设法让孩子配合我们完成这些措施。

a.每当我们采取措施的时候，都会坚持执行它

b.经常这样

c.有时，大部分时候我们会放水，甚至最后不会执行这些措施

d.几乎从不这样，对于我们来讲惩罚孩子太难了

（7）我们能否贯彻自己的原则？如果我们决定要做就一定会做，反之亦然，不论孩子是闹脾气还是会因此生气。

a.几乎总是，我们不会让他的行为改变我们的决定

b.经常这样，但是如果他一再坚持，我们还是会妥协

c.有时，但是我们经常不贯彻原则，会因为孩子改变标准

d.几乎从不这样，如果孩子过于倔强，会最终决定我们的做法

（8）我们为孩子树立了好的行为榜样吗？

a.几乎总是，我们自认为是称职的行为模范

b.大部分时间是的，但是有时可能不太称职

c.有时候是这样，但是我们也知道有很多方面应该改进

d.几乎从不这样，孩子会模仿我们做出的错误行为

（9）孩子的生活很规律。

a.几乎总是

b.经常这样，但是每隔一段时间会有一些生活规律上的变化

c.只是偶尔，孩子会经常更换看护人以及生活的地点

d.几乎从不这样。我们的生活很不规律，经常发生改变，比如照看孩子的人、孩子睡觉和吃饭的地方等

（10）家长生活在压力之下。

a.几乎从不，我们并没有感觉到活在压力之下

b.偶尔或者在特定的时期会这样，但是一般来讲不会

c.经常这样，我们生活的压力很大，并且这会不经意间影响到我们的家庭生活

d.几乎总是这样，这严重影响到了我们对待孩子的方式

评分标准及答案解读

您一旦完成问题集就可以参照下面给出的每个答案对应的分值进行评分了。

答案a = 10分

答案b = 7分

答案c = 4分

答案d = 0分

总分在0分到25分之间或者大部分答案选择d，说明您采用的教育方法和您的家庭环境都是不合适的。如果孩子出现了问题行为，那么这很有可能与其父母的做法相关。所以这个分数区间内的家长有很多方面需

要改进，并且需要尽快改进。

如果您在第1、2、7、8、9题选择了d或者c，这说明这几方面的情况更应该引起您的重视。

本书在"基本治疗措施"这一节中所提出的建议可以帮助您解决这个问题。处在这个分数区间的家长必须要考虑请专家（心理专家或者家庭教育方面的专家）对您的情况进行更加精确的评估。

在采取了改善措施的一个月后建议您再进行一次本评估。

得分在26分到45分之间，或者大部分答案选择c，表明尽管在一些方面您的做法是正确的，但是您大部分的教育方法或者您的家庭环境在整体上是有问题的。如果孩子出现问题行为，那么这一定与家长的做法有很大的关系。

同样，如果在第1、2、7、8、9题您选择了d或者c，这说明这几方面的情况更应该引起您的重视。

这也说明家长们清楚地知道自己应该如何在实践中行动，但是由于缺乏毅力或者其他种种原因，这些措施没能得以实施。

如果您是在采取了一段时间纠正措施后（特别是在初次评估分数低于26分的情况下）的再次评估中取得了这个成绩，这就说明您取得了一些进步，但是还远远不够。

无论怎样，这个分数都表明家长们有很多待改进的地方，并且需要尽快行动起来。

得分在46分到75分之间或者大部分答案是b，说明您的教育方法是恰当的或者家庭氛围整体上是和谐的，但是有一些具体的方面还有改进的空间并且您需要坚持采取相应的措施，或者说，要一直采取正确的做法。

如果您在第1、3、7、8题的答案是c或者d，那么您需要在这些方面尽快纠正自己的问题。如果c、d是您第9或者第10题的答案，这说明您家的家庭因素对孩子的影响更大。

如果这并不是初次评估，而是在首次评估分值较低，特别是低于46

分并采取了一段时间措施后用作跟进，那么恭喜您，您取得的进步是显著的。

如果您的总分在76分到100分之间或者大部分的答案选择a，这说明您采用的教育方法和您家的家庭环境是很合适的。

如果您的答案中出现了c或者d，这表示您需要在这些方面进行改进。

如果这次评估是在首次评估（特别是总分低于46分）之后采取了一段时间措施后的跟进测评，那么这个总分表示您的进步非常显著，并且很可能孩子的整体问题行为已经得到了好转。

第八章

实际案例

家庭行为计划

丹尼尔今年5岁。父母拿他一点办法都没有。这孩子非常不听话，大人总是要不停地提醒他，而且他总去欺负他的妹妹。让丹尼尔吃饭也是一件比登天还难的事。此外，丹尼尔总是把东西乱扔一地……父母已经彻底拿他没有办法了。最后他们决定给他制订一个"家庭行为计划"。

为此，他们要选择一个丹尼尔的典型不良行为来入手。比如他从来不愿去收拾被他乱丢一地的玩具。虽然他还有其他更恶劣的行为，但是父母还是决定先从他的这个行为入手。

首先，父母之间已经就接下来要做的事情达成了一致。他们两个人一起给孩子解释道：

> "丹尼尔，从现在开始你要像个大孩子一样了。所以我们将交给你一件非常重要的事情：玩完玩具后收拾好它们，然后把它们放回到它们的'小房子'里。"

丹尼尔并没有把这件事放在心上，因为他并不喜欢父母的这个提议。但是，父母把他带到他自己的房间，然后把一个加了里衬的箱子交给他，跟他说明他的玩具们以后在这里"休息"。

> "每次你玩完玩具，就把玩具都收到这里面，让它们在这里睡觉。但是你要自己做这件事，因为爸爸妈妈会在其他的事情上帮助你。"
>
> "每次你自己收拾好玩具后，我们都会在日历上为

你画一个微笑的小太阳，它会提醒我们你正在慢慢长大。让我们看看你可以赢得多少个小太阳吧！"爸爸妈妈继续道。

同一天，丹尼尔把他的玩具都拿了出来，但是，像往常一样，他还是没有收拾玩具。他的父母克制着没有去呵斥他，但是提醒丹尼尔之前约定好的事情，丹尼尔却拒绝遵守约定。这次，父母要求他必须把玩具收拾好，不论丹尼尔怎么哭闹反抗，他的父母还是拉着他的手完成了这个任务。

第二天，丹尼尔还是不愿意收拾，但是父母提醒丹尼尔自己收拾好的话会得到小太阳，否则的话，还是会像昨天那样强迫他完成的。就算这样，丹尼尔依旧很抗拒，不过他最终还是在父母的强迫下自己收拾好了玩具。

第三天，当他的父母提醒他的时候，丹尼尔决定自己收拾。虽然他并没有收拾得很干净，但至少父母不用再强迫他了。父母热情地带他到厨房，然后在日历上当天日期的地方给他画了一个小太阳。第四天，因为丹尼尔再次完成了任务，又得到了小太阳，并且还得到了他父母的表扬。如今，丹尼尔再也不会被动地去做这件事了。

每集齐3个、7个、12个和18个太阳，丹尼尔都可以在下列可选的事情当中选出一项作为奖励：跟爸爸一起去洗车，帮助妈妈准备食物，一个特殊的甜点，妈妈给他画一幅画或者和父母一起骑自行车。

20天转眼过去了，丹尼尔习惯了每天自己收拾玩具，虽然偶尔还是会因为抗拒而被迫完成。但是，他的父母决定停止通过小太阳奖励他的这个行为，转而把注意力集中到下一个行为上。

在实际操作中，我们建议家长们采用"行为计划"。下面，我们为大家说明它是如何运作的。

丹尼尔的故事是一个典型的行为计划的案例。这是一种改善孩子特定行为的特殊手段。

这个方法对于年幼一些的孩子来说更有效，比如3至7岁的孩子。这个手段可以用来让孩子学会符合他这个年龄的正确的行为，从而纠正不良的行为。周而复始，用一个正确的行为替代另一个不良的行为。比如用收拾好玩具来替代将玩具乱丢一地，好好对待弟弟而不是欺负弟弟，有教养地请求而不是大喊大叫……

对于行为计划最重要的是选定一种行为，一个即可。家长切勿一次选择多种行为。一开始的时候家长应该选择一个对于孩子来说纠正起来相对容易且尽量客观的不良行为。

如果家长选择的行为出现频率很高，那么最好先把这个计划限定在某个时段，然后逐渐延长这个时段。

比森特和蒙特斯两兄弟一个3岁一个5岁。他俩经常打架。他们的父母决定用小太阳来奖励那个在晚饭时善待对方的孩子。不久后，他们的父母决定把奖励时间延长为洗澡和晚饭时段……

父母双方都必须齐心合力地执行这个计划并且要保持相同的原则。如果其中一方不愿参与这个计划或者对这个计划报以怀疑，那父母最好还是不要尝试这个计划了。

为了鼓励孩子配合家长完成这个计划，需要多激励孩子，告诉他这样做会有很多好处，而不是像他想的那样是一种惩罚或者威胁。此时，像"从现在开始我们要教你做个大孩子"这样的表达会很有效。

接下来，家长需要非常具体地告诉孩子他需要改正哪些行为，明确地告诉他必须做的事，而不只是告诉他不应该做些什么。此外，家长还要教孩子具体怎么做这些事，要尽可能地把必要的方法和步骤告诉孩子，就像丹尼尔的案例那样，他的父母拿给他一个箱子用来装玩具。

家长可以通过在日历上画好看的图形来体现孩子取得的进步。当孩子的表现达到您的期望时您要表扬他，要让他看到自己的进步。要尽可能地提醒孩子您希望他如何表现，以及他如果表现好会得到类似小太阳那样的奖励。

一旦孩子完成了制订的任务，家长就在当天日历的空白处给他画一个"小太阳"或者类似的图案。如果孩子没有达到您的期望，不要给他画太阳，但是也不要擦去以前画的太阳。

至于其他的问题行为，家长可以采取其他的措施，但是这些行为不可以对孩子能否获得小太阳造成影响。

家长可以在集齐3个、7个、12个和18个小太阳的时候分别给予孩子不同的奖励。如果可能的话，要让孩子知道他还需要几个小太阳就可以领取一个奖励。至于奖励，父母们自己定夺就好。其实表扬就是最好的奖励，奖励要尽量多样化一些，这样以便孩子可以选择。相比给孩子物质上的奖励，我们更推荐给孩子提供一些可以与父母共同完成的活动。

每个计划建议施行周期为3周（20天）。就算到时没有达到预期的效果，家长也不可以再延长这个时间。除非当时是这个行为正在改变的关键期，不然到了20天家长就需要换一个行为。如果真的处于行为改变的关键期，家长可以再适当延长几天。无论结果怎样，我们也不建议实施针对单个问题行为的行为计划超过30天。

在停止计划后至少要留出几周的"休息期"。这期间内不可以再使用这个计划来纠正任何其他问题行为。过了休息期后，方可再次启用计划，这时，就算之前的问题行为并未得到好转，家长也应该选择一个新的问题行为。

在实际操作中，我们建议家长选择一个你们希望孩子纠正的不良行为作为目标，并建议您制订一个条件要求详尽的家庭行为计划。

参考书目

• AJURIAGUERRA, J. de (1977), *Manual de psiquiatría infantil* (4ª ed.), Barcelona, Masson.

• ALCANTUD, F. (2003), *Intervención psicoeducativa en niños con trastornos generalizados del desarrollo*, Madrid, Pirámide.

• ASOCIACIÓN AMERICANA DE PSIQUIATRÍA (2002), *DSM-IV-TR. Manual de diagnóstico y estadístico de los trastornos mentales* (rev.), Barcelona, Masson.

• EZPELETA, Lourdes (editora) (2005), *Factores de riesgo en psicopatología del desarrollo*, Barcelona, Masson.

• GARBER, S. (1993), *Portarse bien: soluciones prácticas para los problemas comunes de la infancia*, Barcelona, Medici.

• JARQUE, J. (2007), *Cuentos para portarse bien en el colegio*, Madrid, CCS.

• ORJALES, Isabel (2005), *Déficit de atención con hiperactividad: manual para padres y educadores*, Madrid, CEPE.

• PARKER, S. y ZUCKERMAN, B. (1996), *Pediatría del comportamiento y del desarrollo: manual para la asistencia primaria*, Barcelona, Masson.

• URRA, J. (2007), *El pequeño dictador*, Madrid, La esfera de los libros.

• MORENO, Alicia y RUANO, Cristobalina (1998), Familia y psicopatología infantil del niño de cero a cinco años, in Doménech-Llabería, Edelmira: *Actualizaciones en psicopatología infantil II*, Barcelona, Universidad Autónoma.

• QUEROL, Mireia (1998), Agresividad en edad preescolar, in Doménech–Llabería, Edelmira: *Actualizaciones en psicopatología infantil II*, Barcelona, Universidad Autónoma de Barcelona.

• TREPAT, Esther y VALLE, A. (1998), Temperamento infantil: concepto y evaluación, in Doménech-Llabería, Edelmira: *Actualizaciones en psicopatología infantil II*, Barcelona, Universidad Autónoma de Barcelona.